Aus dem Zylinderchen geplaudert

Privat

Geschichten, Gerüchte, Fakten auch aus der Welt des Motorrads

von

Wolfgang Schellhorn

Umschlagfoto, Gestaltung und Layout: Wolfgang Schellhorn

Germany

www.bs–motor.de

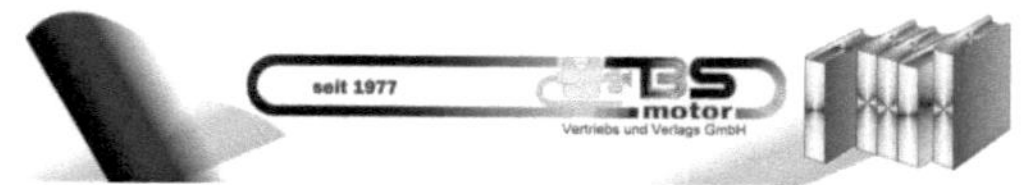

2. Auflage

ISBN: 978-3-944667-34-8

printed in Germany

6B18,8,30

Inhaltsverzeichnis

Seid gegrüßt, hi, hallo, servus, ciao, salü …

moin … und was es sonst noch so gibt. Für die Lateiner unter euch sei ein *salvete* nachgeschoben.

In der Harz-Biker-Oase werde ich immer wieder gefragt, ob auch ich Motorrad fahre.

Inzwischen nicht mehr, aber früher. Der Grund, ich habe zu wenig Zeit. Bei schönem Wetter bin ich mit den Gästen zu Gange und bei schlechtem hält sich mein Enthusiasmus in Grenzen. Zudem bin ich vom Typus Weite-Strecken-Fahrer – wie sich zeigen wird – und allein fahren macht auch nur bedingt Laune. Vielleicht ändert sich das?

Ein Wort ergibt das andere und ich muss erzählen. Immer wieder die gleichen Geschichten. Nur die Jahreszahlen ändern sich versehentlich, da ich anscheinend älter werde. Deshalb habe ich mich hingesetzt und alles aufgeschrieben, soweit es mir gerade eingefallen ist und was die Unterlagen so hergegeben haben.

Jetzt kann ich auf dieses Buch verweisen und muss nur noch auf vereinzelte Fragen antworten. Soweit die Theorie.

Zudem wurde ich von Ehemaligen aus der BS motor-Zeit zum Niederschreiben ermuntert, um auch ihre eigenen Erinnerungen wach zu halten.

Schreibe ich mal schnell, was so los war. Ist ja nicht so schwer. Wofür habe ich über all die Jahrzehnte ordnerweise Unterlagen aufgehoben?

Man kann auch übertreiben! Wer hebt schon alle Quittungen und Notizen auf? Wer ist so blöd und heftet die auch noch sortiert ab?

Die Antwort lautet: Ich.

Mein Problem beim Schnell-Mal-Nachschauen war, dass der Umfang der Unterlagen mehr als ausreichend war. Ich sage war, da ich viele Quittungen, etc. nach dem Scannen (wer tut denn so was?) vernichtet habe. Die Originalfotos nicht!

Motorradfotos versteckten sich unter all den anderen chronologisch abgelegten privaten. Zur Orientierung: Es handelte sich um einen Fundus von weit über 100.000 Fotos. Dokumente schlummerten fallbezogen, z. B. Fahrzeuge separat, Reisen separat, usw. Zudem hatte ich verschiedene Plätze für Privates und Geschäftliches (BS motor). Beim Schreiben stellte sich Diverses als nicht hundertprozentig zuordenbar heraus. Es mag zwar geschäftlich entstanden sein, man könnte es aber genauso gut dem privaten Bereich zurechnen. Hätte alles kaum eine Rolle gespielt, wenn es bei einem Buch geblieben wäre. Es sind aber jetzt drei Bände.

Kurzum: Der Inhalt von knapp zehn Ordnern, wenn ich die restlichen mehr als fünfzig, das Tagesgeschäft betreffende nicht mitzähle, musste (teilweise muss noch) gescannt und in ein Dateisystem verteilt werden.

Ich hoffe, die Arbeit hat sich gelohnt und ich finde meine Unterlagen in Zukunft leichter. Bis jetzt kann ich den Daumen hochhalten.

So nun wäre geklärt, warum und wie das Buch entstanden ist und wieso es von den ersten Gedanken bis zur Fertigstellung an die zehn Jahre gedauert hat. Ich gebe zu, es sind größere Pausen dazwischen gewesen.

Gar manch Vergessenes ist beim Durcharbeiten der Unterlagen wieder ans Tageslicht gekommen und vieles habe ich in meinem Gehirn geändert abspeichern müssen. Aber Glück gehabt: Ich kann jetzt nachlesen.

Was unterscheidet das Buch von anderen Motorradbücher?

Ich schreibe über vorwiegend selbst Erlebtes aus der Sicht eines Motorradfahrers, eines Kunden und eines Motorradhändlers. Schließlich bin ich Teil aller Seiten gewesen. Mit dem Betrieb war ich von 1977 bis 2009 sozusagen auf der anderen. Gerade davon gibt es im nächsten Band *Die BS motor-Zeit* manches zu berichten.

Und wie kam ich zum Motorradfahren? Hatte es genetische Vorbelastungen gegeben?

Keine direkten. Die Aktiven in der Familie waren nie in meiner direkten Linie zu finden.

Nehmen wir Toni, Großonkel seines Zeichens. Er fuhr jahrelang Gespann, mindestens seit den 30er-Jahren bis Mitte der 50er. Dann kaufte er sich eine Isetta.[1]

Xare, eigentlich hieß er Xaver, war der Sohn der Schwester meiner Oma und wohnte in unserem Haus. Er war beim ADAC beschäftigt und fuhr als einer der ersten Pannenhelfer ein Gespann. Dieses parkte immer vor der Haustür – wenn er nicht gerade im Einsatz war. Das Vor-der-Haustür-Parken war damals mitten in München-Neuhausen noch möglich. Zu manchen Zeiten war Xares Dreirad das einzig parkende Fahrzeug in der ganzen Straße.

Meine Onkel fuhren während ihrer Studentenzeit in den 50ern je einen Roller von Lambretta, Goggo und Maico.

Nur mein Vater war Motorradfahrer in direkter Linie. Er bewegte kurze Zeit um 1950 eine Zündapp, eine Art Fahrrad mit einem Blech um den Rahmen vorne und unten als Beinschild, den Motor am Lenker und Keilriemenantrieb auf das Vorderrad. Das Ding habe ich immer noch, allerdings seit mehr als vierzig Jahren zerlegt.

Ich möchte auch nicht verschweigen, dass mein Großvater väterlicherseits den Motorradführerschein gemacht hat. Es existiert ein Fahrschulfoto vom Herbst 1928. Halt, dass ich nicht lüge, auch ein zweites, das klar ersichtlich nur zum Posen aufgenommen worden ist. Niemand erinnerte sich, den Großvater

---

[1] BMW Isetta, Zweisitzer, auch Kugel-Porsche genannt, wegen ihrer Kugelform

jemals fahren gesehen zu haben. Somit scheidet er als Gengeber aus.

Meine beiden Brüder fuhren Motorrad; der eine in seiner Jugend. Das Nesthäkchen machte in den 80ern die Leidenschaft für das Zweirad zum Beruf. Er führte weltweit Motorradfahrer in Gruppen durch die Gegend. Nachdem er sich selbstständig gemacht hatte, firmierte er mit mhs Motorradtouren, Sitz in München. Kommt später noch zur Sprache.

Da ich nun kaum oder nicht mehr Motorrad fahre, habe ich deshalb einen Gendefekt? Einen gewissen Schaden musste ich damals gehabt haben, denn die geschilderten Gewalttouren am Stück sollte kein vernünftiger Mensch herunterreißen.

Da das Interesse an meinen Geschichten von unterschiedlichen Seiten kam und das Material umfangreich war, habe ich es auf drei Bücher aufgeteilt. So muss man nur den Teil erwerben, der einen interessiert. Wobei ich empfehle, alle Bände zu lesen.

Der Inhalt ist weitestgehend nach zusammen gehörenden Themen aufgebaut und daher nur innerhalb dieser Kapitel chronologisch. Die einzelnen sind zu verschiedenen Zeiten und nicht in zeitlicher Reihenfolge niedergeschrieben worden. Es kommt vor, dass Nebenschauplätze und Erklärungen mehrmals erwähnt sind. Im Zweifelsfall bitte einfach überlesen. Als guter Chronist habe ich an manchen Stellen Preise und Kosten aufgeführt. Wer will, kann heutige in Relation setzen.

Im vorliegenden ersten Band *Privat* belege ich, dass ich selbst Motorrad gefahren bin. Es handelt von Begebenheiten, die viele ähnlich erlebt haben könnten oder haben. Er ist zum In-Erinnerungen-Schwelgen. Ja, genau so war es.

Im Band II *Die BS motor-Zeit* wird Insiderwissen, größtenteils aus erster Hand enthüllt, wie die Kreidler-Van-Veen-Geschichte und die Story der Suzuki RV80.

Im Band III Harz-Biker-Oase geht es um den Betrieb im Harz und was ich im Wilden Osten so alles erlebt habe.

Bilder zu den Geschichten und Weiteres gibt es im Internet:

www.zylinderchen.schellhorn.name

Isle-Of-Man-Unkundige finden dort auch Karten des Kurses und ein Höhenprofil mit den Standorten.

Zudem tummeln sich auf den Seiten Fotos und andere Unterlagen, die nicht nur mit dem Thema Motorrad, BS motor und der Harz-Biker-Oase zu tun haben. Ein Besuch lohnt sich – auch im Harz.

So nun aber genug von dem Vorgeplänkel. Viel Spaß beim Lesen.

Bevor alles begann

Die Erfindung des Rades

Damit möchte ich nicht anfangen, aber mit den Tücken am Beginn meiner Laufbahn mit dem Motorrad und dem Wandel im Laufe der Jahre.

Das hatte es definitiv schon vor meiner Zeit gegeben. Ich will mich in diesem Buch überwiegend mit der Ära beschäftigen, die ich selbst abgesessen habe. Abschweifungen in ein *Davor* erlaube ich mir in kleinem Umfang.

Mein erster belegbarer Start ins Zweiradleben war 1952; Premiere auf dem Fahrersitz eines Goggo-Rollers. Goggo hat nichts mit Go-go-Girls zu tun. Goggos waren Fahrzeuge aus dem Hause Glas in Dingolfing. Von 1951 bis 1956 wurden dort Roller gebaut, ab 1955 auch Kleinstwagen, Goggomobil genannt. Die Firma wurde 1966 von BMW übernommen.

Eine erste selbständige Fahrt mit diesem Gefährt scheiterte aus technischen Gründen, genauer gesagt, aus körperlichen Unzulänglichkeiten meinerseits. Meine Beine waren zu kurz, um auf den Boden, und die Arme, um an den Lenker zu kommen; wie das Bild[1] beweist. Mit nicht einmal zwei ist man zudem – war auch damals – nicht zum Führen eines motorisierten Fahrzeugs berechtigt.

Mein aktives Motorradleben begann Jahre später. Nicht mit einem Mofa, noch Mokick oder Kleinkraftrad. Falsch vermutet. Ich wohnte mitten in München. Die öffentlichen Verkehrsmittel brachten einen günstig überall hin. Ein eigenes, motorisiertes Gefährt ergab wenig Sinn. Außerdem wäre die häusliche Regierung nicht für mein Ansinnen – also dagegen gewesen. So wartete ich, bis ich achtzehn Jahre alt war. Fiel mir nicht schwer ohne Ambitionen auf ein eigenes Vehikel. Nachdem mir irgend-

---

[1] www.zylinderchen.w-portal.de, Kapitel *Wie alles begann*

wann einmal von einem Freund die Lust auf einen Test eingeredet worden war, erledigte ich dies mit einer Schwarzfahrt auf seiner 3-Gang-Florett. Danach war mein Verlangen für mindestens ein Jahr befriedigt, sollte es vorher jemals existiert haben.

1969 durfte ich den Führerschein machen – ohne Unterschrift der Eltern; oder bekam ich die Zustimmung? Jedenfalls habe ich die Klasse drei gemacht. Ein Auto erschien mir erstrebenswerter, als bei Wind und Regen das Spritzwasser aus den Pfützen bis zu den Knien aufzusaugen.

Verglichen mit den 50ern spielte das Motorrad Ende der 60er Jahre[1] in Deutschland keine nennenswerte Rolle mehr. Auch Mofas, Mokicks und Kleinkrafträder, also Fahrzeuge mit 50 ccm, gehörten in Städten selten zum Straßenbild. Die bundesweiten Motorradverkaufszahlen entsprachen denen, die Anfang des 21. Jahrhunderts in einzelnen Städten erreicht werden sollten. Es gab Hersteller – Marken, nicht Typen oder Modelle – die im Jahr im gesamten Bundesgebiet nur hundert Fahrzeuge an den Mann brachten. Die Frau gab es damals so gut wie nicht. Im Rest Europas war es nicht besser, ausgenommen in England. Dort hielten hartgesottene Fans dem Motorrad die Stange; oder sagt man den Lenker?

Auf dem Kontinent wanderten die Fahrzeuge auf den Schrott oder im günstigeren Fall in einen Schuppen oder eine Scheune. Man fuhr Auto und musste sich bei Wind und Regen auf der Fahrt zur Arbeit keinen Schnupfen mehr holen. Für die Freizeit mit Familie war das Motorrad ebenfalls nicht geeignet.

In dieser Zeit – genauer gesagt im Frühjahr 1969 – fanden in Cannes die Filmfestspiele statt. Der Film *Easy Rider* wurde vorgestellt und anfangs wenig beachtet. Im Dezember des Jahres kam er synchronisiert in die Kinos in Deutschland und löste eine Lawine aus.

Die Hippiebewegung interessierte nur noch wenige. Eine Lücke bei den Freiheitsvorbildern war entstanden. Da kam der Film gerade recht. Er ließ das Gefühl des Ausbrechens aus Gesell-

[1] des 20. Jahrhunderts

schaftszwängen noch einmal aufleben. Wie ein Virus verbreitete sich eine geänderte Einstellung zum Motorrad, zuerst überwiegend bei den Jüngeren. Aber auch einige Alte fanden Motorradfahren wieder schick.

Für die englischen Hersteller kam der Run zu spät; die deutsche war bis auf BMW schon in den 50er Jahren zusammengebrochen. Marken wie BSA, Norton, Triumph, Matchless, Enfield gaben auf oder waren kurz davor. Auch die Italiener wie Benelli, Cagiva und MV Agusta blickten einer ungewissen Zukunft entgegen. Nur Moto Guzzi hatte noch einen halbwegs festen Stand, ähnlich wie BMW. Beide konnten sich auf einen soliden Absatzmarkt in ihren jeweiligen Ländern stützen – Behörden, Polizei und Militär.

Auf dem Privatmarkt gab es keine nennenswerte Konkurrenz. Somit hatten die Japaner freies Spiel. Sie entwickelten eigene Fahrzeuge und lebten nicht mehr vom Kopieren. Sie produzierten in Stückzahlen, die den verbliebenen europäischen Herstellern das Wasser in die Augen trieben. Zum Preisvorteil durch Massenproduktion kam, dass die Japaner Fahrzeuge anboten, die sich in puncto Technik, Leistung und Optik stark abhoben, und zwar nach oben. Sie verließen sich nicht nur auf vorhandene Märkte, sie begannen eigene zu schaffen. Davon im Band *Die BS motor-Zeit* mehr.

Die europäischen Marken hatten ihre eingefleischten Fans, doch die bildeten keinen profitablen Absatzmarkt mehr. Und wer nicht Fan einer bestimmten Handelsmarke war, griff zu den Japanern oder begnügte sich mit einem alten, gebrauchten Fahruntersatz.

Zurück zum Privaten. Easy Rider war fertig gedreht, aber bei uns noch nicht in den Kinos. Da entschloss ich mich, dieser Tatsachen unbewusst, aus Kostengründen ein Motorrad zu kaufen; nichts ahnend, zu welcher Masse ich später einmal gehören sollte. Ich gehörte zu der Gruppe im vorherigen Absatz, die sich begnügte. Ich wohnte, wie erwähnt, mitten in München.

Mein Führerschein

stand am Anfang. Vorerst war nur Klasse drei (Pkw bis 7,5 t) vermerkt. Auf dem Kalender war 1969 als Jahreszahl zu lesen.

Das Machen des Scheins war kein Problem, aber sein Erwerb stanzte ein Loch in die Kasse. Die Grundgebühr betrug 50,00 DM, für neunzehn Fahrstunden wurden 209,00 DM berechnet, was für eine Fahrstunde von fünfundvierzig Minuten 11,00 DM bedeutete. Bei meinen waren je eine freiwillige Überland- und Nachtfahrt dabei. Zwar nicht Vorschrift, wurden sie jedoch vom Fahrlehrer empfohlen, da es die Fahrsicherheit eines Anfängers erhöhe.

Mein Ausbildungsfahrzeug war ein VW Käfer mit kleiner Heckscheibe, aber keinem geteilten Rückfenster. Die Fahrten auf einem Opel Rekord hätten je Fahrstunde 1,00 DM mehr gekostet. Für den Übungsfragebogen wurden mir 11,50 DM und für das Beantragen der Papiere 1,00 DM in Rechnung gestellt. Da diese Nettopreise nichts für den Staat abwarfen, addierte die Fahrschule die im Vorjahr erfundene Mehrwertsteuer von 5 % dazu. Ferner kam die Prüfgebühr von 27,20 DM und 8,30 DM für das Abendessen beim Jugoslawen auf der Siegesfeier hinzu. So entstand im Geldbeutel ein Krater von insgesamt 320,57 DM, was ungefähr dem Drittel eines Monatsverdienstes eines Arbeiters entsprach; in meinem Fall zwei ganze. Verglichen mit den Kosten vierzig Jahren später war der Schein günstig erworben.

Auf der Karte, auf welcher der Fahrlehrer eintrug, was sein Zögling schon gemacht hatte, waren so seltsame Rubriken, wie Zwischengas und Zwischenkuppeln. Beides kam jedoch nicht mehr in Frage, da meine Fahrschule modern war und alle Pkws den neuen Standards entsprachen und ein voll synchronisiertes Getriebe hatten. Zwischengas und -kuppeln war nur noch für den Lkw-Schein[1] zu lernen. Es wurde uns trotzdem gezeigt und wir durften es nachspielen – wenn wir wollten. Ich wollte. Das

---

1 Führerschein Klasse zwei

hat mir Jahre später beim Lkw-Führerschein und dem Fahren von Kieskippern geholfen. 1977 und 78 überführte ich neue Lkws aus dem MAN-Werk nach Genua, von wo sie nach Afrika verschifft wurden. Alle Kurzhauber[1] hatten ein halb-synchronisiertes Getriebe und ließen sich beim Herunterschalten nur mit Zwischengas dazu überreden, den Gang anzunehmen.

Fahren mit erhöhter Geschwindigkeit bedeutete, dass man aus München heraus und auf der Landstraße mindestens einmal 120 km/h fahren musste. (Heute kann man damit sein Punktekonto in Flensburg aufstocken.)

Für diese Sonderfahrten, wie sie genannt wurden, hatten die Fahrlehrer ihre immergleichen Strecken. Unsere Nachtfahrt, sowie die mit erhöhter Geschwindigkeit, erledigten wir mit drei, sich abwechselnden Fahrschülern von München nach Landsberg und zurück. Gestartet wurde abends 21 Uhr. Um die Zeit war es noch nicht dunkel (Fahrt mit erhöhter Geschwindigkeit). Auf der Rückfahrt war es dann dunkel (Nachtfahrt). Gegen Mitternacht waren wir wieder am Ausgangsort.

Die Ausbildung für den Motorradführerschein machte ich 1970 auf einem Heinkel-Roller mit stattlichen 174 ccm Hubraum und satten zehn PS und einer, in der Stadt nicht ausfahrbaren Spitzengeschwindigkeit von theoretischen 95 km/h. Ich musste ein (in Ziffern: 1) Mal hinter dem Pkw der Fahrschule herfahren, in dem zur gleichen Zeit ein Pkw-Schüler seine Stunde hatte. Dies war das Standardprocedere. Nur nach Protest und einem beharrlichen Darauf-Bestehen durfte ich volle sechzig Minuten absolvieren, weil der Fahrschüler im Pkw eine Doppelstunde hatte.

Die Stunde war um und mein Fahrlehrer meinte, ich könne zur Prüfung. Da ich vor dieser Ausbildung weder mit einem Mofa noch Moped gefahren war (mit einer Ausnahme, siehe im vorigen Kapitel), bestand ich auf einer zweiten Fahrstunde, meinetwegen auch mit nur fünfundvierzig Minuten.

---

[1] Motor ist vor der Vorderachse. Er sitzt halb im Innenraum der Fahrerkabine, halb vor der Frontscheibe. Fahrzeug hat wenig vorstehende Motorhaube.

Ich verzichtete gerne auf die Gratis-Stunde, die ich als Rabatt für meinen Pkw-Schein bekommen hätte. Ich wollte eine zweite, auch gegen Bezahlung beider.

Nur der Nachweis, dass ich nicht umfalle, schien zu genügen als Beweis meiner Fahrtüchtigkeit. Scheinbar entsprach dies den Prüfungsrichtlinien. Ich frage mich, ob es damals überhaupt welche gegeben hat. Motorrad-Fahrschüler waren offensichtlich behördlich nicht vorgesehen und eine sehr seltene Spezies aus lang vergangenen Tagen. Übrigens, der Fahrlehrer setzte sich nicht auf den Roller, er sei seit Ewigkeiten nicht mehr mit einem Motorrad gefahren. Aber sonst war er in Ordnung.

Die Prüfung bestand aus einer ähnlichen Prozedur – Fahren hinter dem Fahrschulwagen, der diesmal vom Fahrlehrer gelenkt wurde. Der Prüfer saß neben ihm.

Nachdem ich einmal um den Häuserblock gefahren war, wurde mir eine viertel Stunde später – wegen der Schreiberei – die Prüfbescheinigung ausgehändigt. Mit dieser konnte ich am nächsten Tag auf der Zulassungsstelle meine Klasse eins eintragen lassen. Die Gesamtkosten für den Motorradführerschein beliefen sich auf ca. 120 DM (Ausbildung, Prüf- und sonstige Gebühren und den Jugoslawen).

Eine theoretische Prüfung musste ich nicht machen, da ich den Motorrad-Führerschein innerhalb eines Jahres nach dem Pkw-Schein beantragt hatte.

Wenn ich an die Gerüchte über Führerscheinprüfungen in Japan denke, die ein paar Jahre später kursierten, pah. Mitte 1978 war dies der Zeitschrift *Motorrad* sogar einen ganzen Artikel wert. Dort hieß es, dass die Prüflinge ihr Motorrad in einer Acht schieben und neunzig von einhundert Fragen innerhalb einer Stunde richtig beantworten mussten und jetzt kommt der Hammer: Für den Führerschein für 400-750 ccm-Fahrzeuge musste man das liegende Motorrad aufrichten und wieder auf den Hauptständer stellen. Wenn man die Eisenhaufen von damals kennt und die kleinen Personen, dann weiß man, dass nicht viele den großen Führerschein gemacht haben können.

Ab 1972 waren in Japan keine Motorräder über 750 ccm mehr zulassungsfähig. Die Japaner hatten damals schon eine Ahnung, wohin die Reise gehen werde.

Toni

Who th ... Wer, um Gottes willen, ist Toni?

Ich erinnere mich gerne an ihn. Toni war mein Großonkel, der Bruder des Vaters meiner Mutter. Hatte er das Gen in mir wachgerüttelt, welches das Interesse für Zweiräder in mir entwickelte? Denn er fuhr gefühlt sein halbes Leben Motorrad. Erst Mitte der 50er Jahre gab er das Motorradfahren auf und kaufte sich eine Isetta. Die hatte ein Dach und so blieb er während der Fahrten zum und vom Bergsteigen trocken.

In meiner Erinnerungen fuhr Toni vor der Isetta immer nur Gespanne. Auf Motorrad-Fotos sah man ihn nie, eine Solomaschine bewegen. Irgendwann im Alter von über neunzig ließ Toni sich von seinen Neffen überreden, seine Lebensgeschichte aufzuschreiben. Er tat es handschriftlich.

Darunter befand sich Folgendes. Ich habe inhaltlich nichts dazu erfunden oder weggelassen, nur die Sätze ein wenig *entholpert*; und die derzeitige aktuelle Rechtschreibung angewandt.

Zum besseren Verständnis: Hansale war Tonis Cousin. Toni und Fanny waren verheiratet. Toni war neunundzwanzig und Fernmeldetechniker bei der Post (heute Telekom), Hansale acht Jahre älter.

Juni 1933

Die Nazis sperrten nach der Machtübernahme die Grenze nach Österreich, weil dort der Nazigegner Engelbert Dollfuß regierte. Durch die Unterbindung des Urlaubs- und Touristenverkehrs wollten die Nazis Österreich schädigen. Wir mussten darum durch die Schweiz nach Italien. Ich war nicht sehr interessiert, aber Hansale lag mir in den Ohren.

Ich nahm ein paar Tage Urlaub und fuhr nach einem Nachtdienst mit Anhang über Kempten usw. nach Lindau und am Nordufer des Sees entlang nach Konstanz. An der Grenze begann für mich das Debakel. Ich hatte ein altes gebrauchtes Motorrad Marke Ardy (Ardie) mit 250ccm Viertakt Jap-Motor. In Deutschland war eine 250ccm-Maschine steuer- und führerscheinfrei, aber in der Schweiz nicht, wurde also abgewiesen an der Grenze. Konstanz ist durch die Grenze, die mitten durch die Stadt geht, in 2 Teile geteilt. Trotz allem Verhandeln und Bitten ging dort nix. Wir setzten uns an den See. Es war angenehm warm, wir aßen, tranken und überlegten, was tun? Hansale wollte auf keinen Fall zurück. Ich natürlich auch nicht gerne. Wir beschlossen am Morgen zum Bezirksamt (Kreis) zu gehen und zu verhandeln, dass ich irgend ein Papier als Führerscheinersatz bekomme. Und es gelang. Wir baten, uns zu helfen. Wir seien auch Beamte. Er meinte, einen Führerschein könne er nicht ausstellen, aber er schrieb was Ähnliches.

Ich bekam also ein Papier mit Siegel und Kreuz und wir fuhren wieder zur ersten Grenze. Gott sei Dank war ein anderer Grenzer da. Der ließ mich auch nicht ohne Weiteres hinüber, aber mit gutem Zureden, auch von Fanny und Hansale gab er nach und ich konnte fahren. Wir hatten es geschafft, waren sehr müde, denn wir saßen die Nacht auf der Bank am See.

Wir fuhren über Chur und Tiefenkastell und den Ofen-Paß nach Glurns-Glorenzo, ein liebenswertes Städtchen mit gemütlichen Marktplatz und einem angenehmen Restaurant. Wir waren schon einmal dort. Am nächsten Tag nach Meran und abends Bozen. Es waren damals – 1933 noch angenehme Plätze – keine Massen.

Nun aber mussten wir entscheiden. Hansale wollte weiter Richtung Trient. Ich musste umkehren aus Zeitgründen. Hansale fuhr weiter, Fanny und ich wieder zurück zum gemütlichen Glurns. Abends bei Flasche Roten am freundlichen Marktplatz mit gemütlicher Unterhaltung mit Einheimischen.

In der Nacht begann es zu regnen. Und es regnete den ganzen Tag bis München. Wir fuhren zum Ofenpaß. Da hatte ich durch Regen schon Schwierigkeiten. Ich musste den Vergaser ausbauen, weil Wasser zum Benzin kam. Bei der Abfahrt von Ofen-Paß streikte der Motor, zur Werkstätte.

Der Mechaniker sagte, er zerlegt abends den Motor. Am Morgen sagte er, es sei ein ausgeleierter Motor, der Bergbelastungen nicht mehr schafft. Also blieb uns nichts anderes übrig, als so weiter zu fahren. In Konstanz an der Grenze kamen wir dem Grenzer verdächtig vor, 3. Reich, weil wir im Regen unterwegs waren. Er sagte, wir müssen uns ausziehen, er mache eine Leibesvisitation. Ich erklärte ihm, dass, wenn wir uns ausziehen, unsere nassen Sachen erst wieder anziehen, wenn sie trocken sind. Er merkte, dass es mir ernst ist und überlegte und ließ uns weiterfahren. Es kam schlimm. Der Vergaser bekam mehr als wieder Wasser. Ich musste einen trockenen Platz finden, um ihn aus- und einzubauen.

Es wurde furchtbar. Fanny konnte trotz Tapferkeit das Weinen nicht unterdrücken. Ich war am Ende meiner Kräfte. Fanny konnte fast nicht absteigen, fiel vom Sitz, ich konnte sie gerade noch halten. In der Wohnung ausziehen, Schlafanzug und ins Bett.

Hansale erging es sehr übel. Genau weiß ich nicht, wie weit er kam. Jedenfalls kam er per Lastwagen nach München zurück. Seine Hinterachse war überdreht, mir nicht verständlich.

Eine Motorradtour, die im Gedächtnis bleibt. Ich war bei dieser Beschreibung so an den (fehlt) erinnert, dass sich die Schrift des 2. Teils deutlich vom 1. Teil unterscheidet.

Mir fallen schon noch mehrere Vorgänge ein, die des Schreibens wert sind.

Leider hat Toni in dieser Richtung nichts weiter geschrieben. Es hat ihn wohl keiner animiert. Ich bekam die Unterlagen dummerweise erst nach seinem Tod. Wer weiß, ob ich Zeit gehabt hätte, mit ihm darüber zu reden. Ich verbrachte sie über fünfhundert Kilometer entfernt.

Mit neunundneunzig starb Toni. Er hatte immer gesagt, er wolle keine hundert werden. Beinahe wäre es noch schief gegangen.

Toni und Hansale waren zeitlebens dicke Freunde. Sie unternahmen sehr viel gemeinsam. In jüngeren Jahren so mal schnell mit dem Fahrrad von München in die Berge, dann zu Fuß auf irgendeinen Gipfel hinauf und runter und zurückgestrampelt, heim nach München. Und das am nächsten Wochenende wieder. Öfters übernachteten sie auf einer Hütte oder im Tal. Dann waren mehrere Gipfel ihr Ziel.

An Hansale und seine Frau erinnere ich mich noch gut. Sie waren in den 50ern schon um die sechzig Jahre alt[1], kamen aber bei schönem Wetter abends immer in den Hirschgarten[2], den gemeinsamen Treffpunkt. Sie wohnten nicht weit entfernt. Es war ein Spaziergang.

Abendessen war mitgebrachte Brotzeit (Brot, Käse und Wurst, Butter, Salz und was man sonst noch wollte und ein Radi[3]). Das Bier wurde selbstverständlich vom Wirt gekauft – so üblich bei uns in Bayern. Damals wurden auch von den Kunden mitgebrachte Krüge gefüllt. Heute bekommt man in eigene Gefäße nichts mehr eingeschenkt. Wegen der Hygiene? Weil der Wirt Angst hat, dass zu viel hinein passt? Egal. Es war einmal.

Im November 2015 war ich unterwegs im Postblock an der Arnulfstraße. Das Gerücht ging um, dass das Ensemble verkauft werden sollte. Ich wollte sicherheitshalber den Zustand dokumentieren, bevor das Ganze vielleicht doch abgerissen werde. Als ich am hinteren Ende beim Ausgang zur Richelstraße fotografierte, sprach mich ein Hausmeister an, was ich

---

1 Damals war man in diesem Alter alt.

2 Wirtschaft mit großem Biergarten in München

3 Rettich

hier tue. Es kämen immer wieder Leute zum Ausspionieren, wo man einbrechen könne.

Ich konnte ihn überzeugen, dass ich nur in Erinnerungen schwelge. Mein Großonkel habe hier in dem Flachbau vor fünfzig Jahren und früher eine Garage gehabt, in der er sein Gespann und später seine Isetta untergestellt habe. Die wurde jeweils hinein und hinaus geschoben, wegen des Abgasdrecks, wie sich Toni ausdrückte. Hier wartete sie auf ihn, stets mit einer Wolldecke gegen Staub geschützt. Das Auto wurde nur am Wochenende benützt, zu den Bergsteigfahrten. Toni war außerhalb der Schneezeit so gut wie jeden Samstag auf irgendeinem Berg, meist allein. Bei Tagesanbruch (vier, halb fünf) fuhr er los. Zum Mittagessen war er wieder daheim. Manchmal nahm er mich mit. Wenn ich dabei war, fuhr er erst um sechs in der Früh in München los.

Der Hausmeister öffnete die Garage. Ich erklärte ihm, wie das früher hier ausgesehen habe. Jetzt war es ein Raum. Damals gab es einem Mittelplatz; an den Wänden waren mit Gittern getrennte und verschließbare Abteile. Dort befanden sich die Plätze für die Gespanne, etwas breiter und hier für Solomotorräder und Fahrräder, usw. Der Mann bedankte sich für die Aufklärung und schloss wieder ab. Ich ging weiter Richtung Bahngleise.

Zuhause erzählte ich meiner Mutter davon und erhielt prompt weitere Fakten.

Toni und Hansale hatten die Garage schon in den 30er Jahren vor dem Krieg. Während der ungewissen Zeit versteckten sie dort ihre Motorräder, dass sie nicht konfisziert werden konnten. Erst nach dem Krieg holten sie diese heraus. So konnten sie umgehend wieder ihrem Berg-Hobby nachgehen.

Hansale beendete die Motorradkarriere in der ersten Hälfte der 50er Jahre und kaufte sich einen VW Käfer. Er hatte immer schon davon geträumt, seinen Hut auf der Hutablage hinter der Rückbank spazieren fahren zu können.

Wahrscheinlich zog Toni mit der Isetta nach, weil er keinen Motorradkumpel mehr hatte. Wegen eines Hutes sicher nicht. Toni trug Kappe.

Meine Fahrzeuge

Prolog mit einem Pkw

Am 18.6.1969 wurde mir ein Auto erstanden; und was für eines. Ein BMW 700 Coupé, Baujahr 1959, 692 ccm, 30 PS, Zwei-Zylinder-Boxer-Motor mit Luftkühlung, Originalzustand, 1. Hand, cremefarben und ohne Kratzer, optisch und technisch wie neu.

Das Auto hatte mir meine Großmutter über ihre Tochter, meine Tante, zugeschanzt und bezahlt. Wenn ich mich richtig erinnere für 700 DM. Der BMW hatte einer Freundin meiner Tante gehört. Zugelassen wurde er auf meine Tante, da mein Vater dagegen war, dass ich ein eigenes Auto besaß. Deshalb auch die Wendung *wurde mir erstanden.*

Die Versicherung betrug für Haftpflicht 92,40 DM (1.000.000 DM Versicherungssumme) jährlich bei 100 %. Eine höhere Stufe gab es nicht. Teilkasko 6,00 DM. Für die Steuer waren 106,80 DM fällig. Die Zulassungsstelle kassierte für die Ummeldung 17,50 DM.

Der BMW lief wie geschmiert, gut zwei Monate. Mitte August quittierte der Motor seine Arbeit. Er war meinem Vollgas-Fahrstil nicht gewachsen. Das Aggregat hatte überhitzt und belohnte dies mit einen Fresser, Heckmotor, luftgekühlt. Ich war vorher gewarnt worden, da es ein bekanntes Problem war. Die für den Motorradbetrieb konzipierten, Motoren bekamen im Heck eines Pkws einfach nicht genug Fahrtwindkühlung. Vollgas zum Überholen war kein Problem, aber dann hieß es, Gas weg, wenn der Antrieb halten sollte.

Die Grenzen ausloten, war für mich scheinbar wichtiger, als auf andere zu hören. *Nur so entsteht Fortschritt und man lernt dabei.*

Ich lernte, aber anders als man denken mag. Da eine Werkstatt zu teuer war, die Reparatur hätte ungefähr 1.000 Mark gekostet, was die Anschaffungskosten des Wagens weit überschritten hätte, empfahl mir ein Klassenkamerad, nach den großen Ferien den Motor seinem Freund zu bringen. Der repariere ständig Autos in seiner Garage.

Wir waren uns schnell handelseinig. Reparaturkosten mit Teile 300 Mark, Reparaturdauer ungefähr zwei Wochen. Ich brachte den Motor und das Geld hin, mit der Straßenbahn.

Zwei Wochen später waren die Teile noch nicht da, nach vier Wochen fehlten angeblich immer noch Teile. Nach drei Monaten war kein neuer Stand der Dinge zu erfahren. Im Frühjahr 1970, nach vielen Straßenbahnfahrten quer durch die Stadt wurde mir die Sache zu dumm. Ich beschloss, den kaputten Motor und mein Geld auf dem Klageweg zurückzubekommen. Da erfuhr ich, dass der Motor nicht mehr da war.

Im zarten Alter von achtzehn Jahren konnte eine Klage nur mit Autogramm des Erziehungsberechtigten – Vater oder Mutter – eingereicht werden. Jetzt kam mein Vater ins Spiel. Er verweigerte die Unterschrift. *Ich habe auch keines. In der Stadt braucht man keines. Ich habe dir vorher schon gesagt, dass du kein Auto bekommst*, usw.

Meine Großmutter konnte die Klage nicht unterschreiben, da sie weder Erziehungsberechtigter noch der Halter war. Auch die Tante als Halterin traute sich nicht mehr, da sie zusätzlichen Ärger mit meinem Vater befürchtete.

Für ein anderes, gebrauchtes Auto reichte mein Guthaben nicht. Als Schüler war das Taschengeld nicht so üppig. Die meisten bekamen gar keines oder nur sehr wenig, sozusagen zum Anschauen, dass wir wenigstens wussten, wie Geld aussah.

So fand das weitere Leben ohne eigenes Auto statt, wie vorher auch. Aber es musste doch eine Alternative geben.

Mein Entschluss, mich ab dem nächsten Jahr auf zwei Rädern durch den zunehmenden Verkehr zu schlängeln, war bereits im Oktober 1969 aufgekeimt. In München breiteten sich die ersten

Bauabschnitte für die Olympischen Spiele 1972 aus, besonders in unserem Stadtgebiet. Umbau der Landshuter Allee und Donnersberger Brücke zum Mittleren Ring, in der Innenstadt U-Bahn-Bau, usw. Zu der Zeit war man mit einem Pkw sowieso auf verlorenem Terrain.

Nach dem Verkauf des BMW 700 – der war beschlossene Sache – und etwas Geld verdienen, sollte doch die halbe Anzahl Räder, verbunden mit einer Kleinigkeit Eisen, aufzutreiben sein.

Einen Nebenjob hatte ich bereits – Zeitungsträger für zwei große Tageszeitungen. Das hieß zwar, um halb drei in der Nacht aufstehen, aber die Arbeit war gutdotiert. Im Monat kamen so, wenn man nicht zusätzliche Touren trug, 150 bis 180 DM zusammen – netto, 12 Monate lang. Mit Zusatz- und Aushilfstouren – vornehmlich samstags, wenn keine Schule war – steigerte sich das teilweise auf über 250 DM. Und Urlaubsgeld für drei Wochen gab es zusätzlich.

Gut, das Aufstehen fiel anfangs nicht so leicht. Aber wenn ich abends um 10 Uhr ins Bett ging, reichte der Schlaf, zumal nach der Tour meist ein bis zwei Stunden Zeit für den Restschlaf blieben, bevor es in die Schule ging.

Das mit dem Verkauf des BMWs brachte nicht den gewünschten Erfolg. Niemand wollte ihn. So kam er zum Schrotthändler.

Ich glaube, ich habe nichts bezahlt, aber auch nichts bekommen. Dies war ebenfalls ein Zusatzgrund für die Extratouren beim Zeitungsjob. Einem Motorrad stand nur noch der Winter im Weg. Weichei!

Die Zeit der Adler

Das Autoexperiment war gewaltig in die Hose gegangen. Meine Vierrad-Periode war abgelaufen. Aber es gab ja Fahrzeuge mit halb so vielen Rädern.

Was den Wunsch nach einem Motorrad manifestierte, war Easy Rider. Dieser Film kam im Dezember 1969 in die deutschen

Kinos. Ich gebe zu, ich habe ihn innerhalb weniger Tage zweimal angeschaut. Spätestens danach war definitiv klar: Erstens, zwei Räder genügen, um sich fortzubewegen und zweitens, diese Räderzahl ohne Motor wären ein inakzeptabler Behelf. Sprich, Fahrrad kam nicht in Frage, schon gar nicht für die Ferne. Und dorthin zog es mich.

Der Motorradmarkt war nicht nur im Raum München sehr, sehr dünn. Zehn Anzeigen in der Süddeutschen Zeitung am Wochenende waren schon ein Glücksfall für Suchende. Im Angebot über einen längeren Zeitraum waren ein paar NSU Max, BMW, Zündapp Kreidler und Herkules und als Exoten mal eine Norton oder BSA. Entweder zu wenig Hubraum oder zu teuer. Der Autoteil erstreckte sich in derselben Zeitung über mehrere Seiten.

Nach einigem Suchen, was der Markt hergab und zum Geldbeutel eines Schülers passte, erstand ich eine Adler MB250 zum Preis von 300 DM – zwei Zylinder, zwei Vergaser, Zweitakt, 16 PS. Ein Motorrad, schwarz, bildschön, technisch einwandfrei und völlig original. Gut, das Manko mit dem Original-Aussehen konnte geändert werden.

Dann gab es noch das bereits erwähnte Zulassungsproblem. Mein Alter (in doppeltem Sinn) stand mir immer noch im Wege. Doch auch hier fand ich eine Lösung in Form eines Kumpels, der bereits 21 Jahre alt war. Er besaß keinen Führerschein, aber er ließ das Motorrad auf sich zu. Meine Oma wagte es nicht, da es Ärger mit ihrem Sohn, meinem Vater, wegen des Autos gegeben hatte.

Ihm seine Schranken aufzuzeigen, freute mich. Er konnte gegen meinen Kumpel nichts unternehmen, da er ihn nicht kannte.

Alle Widrigkeiten waren gelöst, das Motorrad stand vor dem Haus, mitten in München. Ein Parkplatz war damals nur für den ein Problem, der nicht zwei Autolängen gehen wollte. Spätestens dann war wieder eine freie Stelle, zumindest für ein Motorrad. Man konnte so gut wie immer parallel zur Fahrbahn parken. Diebstahl war keine Gefahr. Solch alte Vehikel mussten nicht einmal abgeschlossen werden, die wollte niemand. Ach, welch Luxusproblem aus heutiger Sicht.

Die Originaloptik störte mich. Die wollte ich eigenhändig ändern. Unwissend der Wertezerstörkraft von Spraydosen besorgte ich mir zwei mit rotem Inhalt.

Nichtsahnend stand das Motorrad direkt vor der Haustüre am Straßenrand. Eingerahmt von vierstöckigen Häusern und dem Verkehr wartete es und freute sich wahrscheinlich auf eine Ausfahrt. Vielleicht kam ihm komisch vor, dass ich es nur um neunzig Grad drehte, dass es nun in rechtem Winkel zur Fahrbahn stand, Nase Richtung Hauseingang.

Die Parkplätze waren an diesem Spätnachmittag ausnahmsweise nicht so üppig frei wie sonst; hätte ich auf diesen Wink geachtet, wäre die Wertvernichtung vielleicht nicht erfolgt. An die hintere Stoßstange des Pkws rechts lehnte ich einen ausgeklappten Karton, an die vordere des linken ebenso. Der Prototyp einer Lackierkabine war fertig.

Der Wind stand günstig. Die vorbeifahrenden Autos fuhren nicht schnell, dass keine Luftverwirbelungen störten. Und eh es sich versah, erstrahlte das Motorrad in Knallrot – Tank, Rahmen, Kotflügel und Lampengehäuse. Nur die Räder und der Motor überlebten die Prozedur unbefleckt. Stimmt nicht ganz. Ein paar kleine Tupfer hatten sie schon abbekommen.

Als weise erwies sich, dass ich die Kartons an die Autos gelehnt hatte. Die hätten sonst ebenfalls in neuem Design geglänzt. Muster auf den Pappen bewiesen das. Sicherheitshalber parkte ich das Motorrad auf die gegenüberliegende Straßenseite um.

Die Phase des Trocknens dauerte bis zum Abend. Um Passanten zu warnen, prangte auf dem Sitz der Adler ein Karton mit der Aufschrift: *Achtung – Frisch gestrichen!* Der Aufklärungspflicht war Genüge getan. Wer jetzt rot wurde, war selbst schuld. Damals entsprach das der Rechtsauffassung in Deutschland.

Am nächsten Tag, es hatte, Gott sei es getrommelt und gepfiffen, nicht geregnet, sollte dann die erste richtige Ausfahrt losgehen. Bis dahin hatte das Motorrad nur die Probe- und Überführungsfahrt mit mir erlebt. Beim Vorbesitzer hatte es jahrelang in einem Schuppen gestanden. Die Adler war genauso aufgeregt wie ich, ich gehe mal davon aus.

Die Fahrt ging in die Berge und über Mühldorf wieder zurück nach München, eine Gesamtstrecke von ungefähr zweihundert Kilometer. Das Wetter war super, Sonnenschein und warm, trotz Frühling.

Jethelm auf, Anorak an, Nierengurt drunter und los ging's in Jeans und Halbschuhen. Dies entsprach der damaligen Ausrüstung eines Motorradfahrers. Den schweren Ledermantel aus der Zeit, als mein Opa seinen Motorrad-Führerschein gemacht hatte, wollte ich aus Gewichts- und optischen Gründen nicht anziehen.

Der Verkäufer der Adler hatte mir erzählt: Die geht locker 130 auf dem Tacho – wenn nur der Fahrer drauf sitzt.

Dies stellte sich jedoch als Märchen heraus. 110 – 115 km/h, mehr war auch bergab nicht zu schaffen. Ansonsten fuhr das Motorrad bis auf Aussetzer bei Vollgas einwandfrei. An der Stylingkur konnte es nicht gelegen haben.

Die Straßen waren meist frei. An diesem Tag kamen uns vier Motorräder entgegen, überholt hat keiner – sonntags, bei bestem Wetter, im Großraum München. Da es nicht üblich war, sein Zweirad über die kalte Jahreszeit abzumelden, hätten, verglichen mit heutigen Gegebenheiten, hunderte unterwegs sein müssen. Die Versicherungsprämien für den Winter-Zeitraum waren niedriger als die Kosten für Ab- und Anmeldung. Freaks, wo ward ihr?

Wenn ein Motorradfahrer entgegenkam, war es üblich, dass jeder in seinen Rückspiegel schaute, ob das Bremslicht des anderen kurz aufleuchtete. Zwei der vier hielten an. Beide von uns drehten jeweils um.

Man fuhr sich entgegen, stieg ab und es entspann sich ein etwa fünf Minuten langes Gespräch über Motorräder und Gott und die Welt. Dann hob man die Hand zum Gruß und setzte den

Weg in seine Richtung fort. Diese Stopps waren 1970 noch allgemein üblich. Die Grußhand im Vorbeifahren ersetzte erst etwa fünf Jahre später die Gespräche endgültig. In noch späteren Zeiten wäre man mit einem jeweiligen Plausch keine 50 Kilometer an einem Sonntag gekommen.

Die Mucken mit der Höchstgeschwindigkeit und den Aussetzern waren von meinem damals Noch-nicht-Schwager schnell behoben. Er war Automechaniker. Vergaser und Zündkerzen sauber gemacht, Unterbrecher eingestellt und schon ging die Adler gute 130 km/h. Laut Tacho. Da die Tachos der Autos genauso logen, fielen die Abweichungen zur Realität nicht so auf..

Die Einstellarbeiten wären praktisch nach jedem Ausflug nötig gewesen. Vielleicht hätten neue Unterbrecher für einen längeren Zeitraum geholfen.

Es waren nicht allzu viele Fahrten in diesem Jahr geplant. So wurde die Investition immer wieder verschoben.

Dann kam der Winter. Das Fahrzeug musste verkauft werden, wenn es auf der Straße nicht im Salz stehen sollte. Aber niemand wollte eine MB250, erst recht nicht mit diesem einzigartigen Design. Die durch Handarbeit geschaffene Einmaligkeit erwies sich als nicht verkaufsfördernd.

So stand die Adler nun, einsam und verlassen vor der Haustüre. Sie durfte sogar ausnahmsweise auf dem drei Meter breiten Fußweg stehen. Deshalb fühlte sich die Polizei bemüßigt, einen Strafzettel wegen Parkens auf dem Gehsteig auszustellen. Das Argument, dass ein Teil des Fußweges zum Haus, und dieses meiner Großmutter gehörte, war in den Augen der Staatsmacht keines. Deshalb verschwand die Adler den Winter über im Hof und wartete dort auf die neue Saison.

Die kam, aber es kam auch der Krieg.

Welcher Krieg?

Die Frage ist berechtigt. Es handelte sich nicht um einen Geballere, wie es sich heute im Fernseher abspielt. Er hatte aber etwas mit Waffen zu tun. Es war der meist unblutige Krieg im Inneren der Republik – der Dienst an der Waffe – der Wehrdienst. Gleichzeitig war er der Widerstand gegen den in unseren Augen unsinnigen Glauben, sich verteidigen zu müssen.

Dieses Kapitel überspringe ich, weil mein Wehrdienst nur sechzehn Tage gedauert hat. Ich kündigte und fuhr am Wochenende nach meiner Freistellung in die Türkei – mit dem Auto. Als Verrat am Vaterland empfand ich meine Dienstquittierung nicht, das mit dem Auto am Motorrad auch nicht.

Eine Tour mit der Adler ohne vorherige Mechanikerlehre hätte mich von dieser Weltreise sicher nicht mehr zurückgeführt. Außerdem gab es genug zum Mit-Nachhause-Nehmen. Das wusste ich von meiner ersten Türkeireise aus dem Jahr zuvor.

Die Adler hatte Pech gehabt – oder vielleicht Glück? Meine Mutter hatte während des Verteidigungsfalls in meinem Auftrag das Prachtstück für 170 DM an den nächsten Besitzer weitergereicht. Der Preisverfall war zum Teil auch auf eine gebrochene Kickstarterfeder zurückzuführen. Hätte ich die MB heute noch, wenn ich gewusst hätte, dass ich nur gut zwei Wochen im Einsatz sein werde?

Leider fehlen mir aufgrund der Zulassungsproblematik die Unterlagen, wann ich das Motorrad gekauft habe. Nur das Verkaufsinserat und den -vertrag habe ich noch. Der Kauf sollte im Frühjahr 1970 gewesen sein.

Heute, fast 40 Jahre später, wäre die Adler ein Juwel im Zustand, in dem ich sie erstanden hatte. Aber haken wir es als Jugendsünde ab. Wahrscheinlich war ich zu Größerem berufen. Einem größeren Motorrad?

BMW I

Es geschah im Jahre drei meines Lebens als Motorradfahrer, Christen sagen es war 1972. Ohne eigenes Fahrzeug war es wieder einmal nicht mehr auszuhalten. Pkw war Pkw und Motorrad eben Motorrad. Ein fester Job, damals noch Arbeitsstelle genannt, unterstützte mich, dieses Leeregefühl in mir zu beenden. Kurz gesagt: Ein Motorrad musste her; die Finanzen erlaubten es.

Es kommt darauf an, ob man den BMW-Pkw mitzählt, oder nicht. Wenn ja, dann gilt BMW zwei, ansonsten BMW eins. Ich möchte die Durchnummerierung auf nur Motorräder beschränken, also bleibt es meinerseits bei eins.

Mein erstes Boxermotorrad war eine BMW R51/2, knapp ein Jahr älter als ich, mit einem Motor der BMW R67 und einem voll verchromten 30-Liter-Tank, dessen Seitenkammern weit herunter gezogen waren. Es war ein sehr auffälliges Fahrzeug. 2.700 DM wechselten am 8.7.1972 den Besitzer, wobei beide Seiten zufrieden waren. Das Geräusch im rechten Zylinder sollte noch auf Kosten des Verkäufers beseitigt werden.

Da ich damals in einer Autowerkstatt beschäftigt war, ließ ich dort von meinem Schwager in spe den Motor zerlegen und überprüfen. Dabei stellte sich heraus, dass die Kurbelwelle eine Macke hatte und der Zylinder ausgeschlagen war. Ich einigte mich mit dem Verkäufer, dass er die Teile und ich die Arbeitszeit übernehme. Der Teileaufwand belief sich auf 746,45 DM plus die inzwischen auf 11 % gestiegene Mehrwertsteuer.

Dass der Motor ein 600er und kein 500er war und somit satte zwei PS mehr leistete, blieb vorerst unter uns – dem Verkäufer und mir. Stimmt nicht ganz, die engsten Freunde wussten es.

Als ehrlicher Mensch hatte ich so meine Bedenken und wollte dem Staat keinen Vorwand geben, für was auch immer.

Die deutsche Gründlichkeit, vertreten durch den TÜV, verlangte eine schriftliche Bestätigung. Jeder wusste, dass die Rahmen der 500er und 600er BMW gleich waren und somit das enorme Potenzial von zusätzlichen zwei PS verkraften würden. Ich wandte mich an die BMW-Niederlassung in München. Problemlos bekam ich vom Werk die Bestätigung, dass der Motor in den Rahmen dürfe und 590 ccm, sowie 28 PS bei 5.600 U/min hatte.

Der *Umbau* wurde am 22.9.1972 vom TÜV eingetragen, worauf das Motorrad nun auch offiziell am Straßenverkehr teilnehmen durfte. Der Vorbesitzer war jahrelang ohne dieses kleine Manko ausgekommen.

Das Finanzamt beschloss, mich wegen der Hubraumerhöhung um jährlich 86,40 DM statt der vorigen 72,00 DM für die Benutzung deutscher Straßen zu erleichtern. Meine Versicherung hielt eine Erhöhung auf 270,40 DM statt der 254,90 DM pro halbem Jahr für gerechtfertigt.

Die Kosten einer 600er entsprachen gar nicht mehr denen meiner 250er Adler zwei Jahre zuvor. Deshalb wäre es sinnvoll gewesen, das Motorrad über den Winter abzumelden.

Dies verhinderten aber die Versicherungsbedingungen. Der Beitrag wurde auf Hubraumbasis berechnet. Die Leistung des Motorrads spielte überhaupt keine Rolle. Für Motorräder gab es keinen Freiheitsrabatt für unfallfreies Fahren. Aber man konnte einen aufbauen und den Vertrag dann für einen Pkw hernehmen, die schadenfreien Jahre übertragen – jedoch nicht auf andere Personen. Die Krux war, dass für eine Anrechnung das Motorrad am 31.12. angemeldet sein musste und maximal drei Monate im Jahr stillgelegt sein durfte. Es war ein Rechenexempel. Was war über einen längeren Zeitraum gesehen günstiger?

Ich ließ mich auf das viertel Jahr abgemeldet ein. So konnte ich den Geldbeutel wenigstens um die eingesparte Steuer und Versicherung schonen und die schadenfreien Jahre sammeln. Es könnte ja vielleicht wieder mal ein eigenes Auto ins Haus kommen.

Im Frühjahr leistete ich mir den Luxus eines reflektierenden Kennzeichens. Jeder sagte, ich sei blöd, da mich die Polizei so in der Nacht besser identifizieren könne. Gegen dieses Argument sprach, dass mich Autofahrer von hinten nicht mehr so leicht übersehen könnten. Rücklichtausfälle wegen Vibrationen waren damals nichts Ungewöhnliches. Zudem fuhren die neuen Autos oftmals schneller als alte Motorräder. Schlusslichter mit zwei Rücklichtbirnen waren nicht erlaubt – zu hell.

Die Moderne hielt Einzug. Vermehrt tauchten die Japaner auf, z. B. mit dem Flaggschiff Honda CB750 mit 67 PS. 200 km/h waren nicht mehr nur auf Rennstrecken knackbar, auch auf einigen Landstraßen.

Von Geschwindigkeitsbeschränkung war nur in Gremien und Stammtischrunden die Rede. Manche übertrieben es, sowohl Fahrer mit zwei, als vier Rädern. So schwelte eine Diskussion vor sich hin.

Ein zusätzliches Ansteigen der Motorradfahrerzahl und der Unfälle zeigte Wirkung. Zudem witterten die Versicherungen steigende Gewinne und drehten an der Prämienschraube. Und obwohl ich nichts getan hatte, wurde mein Solidarbeitrag für Haftpflicht am 1.7.1973 auf 512,40 DM erhöht.

Ich zahlte also fast so viel wie ein Honda-Fahrer, der mehr als die doppelte Leistung hatte und am Schlamassel schuld war. Gut, es war nicht der Honda-Fahrer, aber die Japaner-Fahrer, die schon. Die versuchten an die Grenzen ihrer Fähigkeiten zu gehen. Wir zahmen mit BMW frönten dem gemütlichen, was man später Cruisen nannte. Oder so ähnlich.

Um auch bei mir ein Rasen von vornherein zu unterbinden, warf mir die Bundesregierung am 1. Oktober 1972 einen Knüppel zwischen die Beine in Form eines Tempolimits auf den Landstraßen. Diese 100 km/h sollten bis 31. Dezember 1975 als Versuch gelten. Versuch geglückt, wie man heute noch sehen kann.

Im Rahmen der Chronistenpflicht erwähne ich, dass das Tempolimit nicht wegen der Motorradfahrer eingeführt worden ist. Die sind damals noch viel zu wenige gewesen.

Bis 1974 hielt ich mit der geringen Motorleistung durch. Die Tourist Trophy auf der Isle of Man kam ins Gespräch. Mit der R51 wäre ich im Verhältnis zu meinen beiden Gefährten, die mich mit einer R75 und R90S begleiten sollten, hoffnungslos untermotorisiert gewesen, zumindest auf der Autobahn bis zum Ärmel-Kanal.

Da bot im Kundenkreis jemand eine BMW R75/5 an. Mein Entschluss war schnell gefasst. Altes Fahrwerk, wenig Leistung gegen neues mit annähernd doppelter Motorleistung. Der Preis für den Umstieg war vertretbar.

Meine bessere Hälfte überzeugte mich, dass ich erst das jetzige Motorrad verkaufen solle, dann gäbe es eine neue Maschine. Sie hatte insofern Recht, da ich mein Zweirad im Sommer in der Werkstatt parkte und die Mechaniker oder ich jeden Tag mit raus und rein beschäftigt waren. Zwei Motorräder hätte einen Aufstand verursacht. Und was weiß ich, welche Gründe es noch gab.

Ich ließ die R51 in diesem Frühjahr nicht mehr zu. Eine Trennung von ihr fiel mir leicht. Sie ging verhältnismäßig schnell für 2.000 DM nach Regensburg. Den neuen zwei Rädern stand nichts mehr im Wege.

BMW II

4.4.1974 – da wartete sie makellos in der Frühlingssonne, eine BMW R75/5, 24-Liter-Tank, 50 PS, 2.727 km auf dem Tacho, aus Sicht der Zulassung jungfräulich, da nur mit Roter Nummer bewegt und jetzt meine.

Das neue Zeitalter konnte beginnen. Kein Überlegen mehr, ob es zum Überholen eines Pkws oder Lkws reiche. Power, Power, Power. Wir reden von 1974!

Die BMW lief problemlos 200 km/h mit mir. Bis 170 km/h war die Beschleunigung super. Darüber allerdings war Windschatten oder ein Anlauf gefragt. Ein Freund hatte eine CB750 mit 67 PS. Mit dieser konnte ich mit meinen 50 PS in Bezug Höchstgeschwindigkeit (210 km/h) hinter ihm locker mithalten, musste sogar das Gas etwas wegnehmen. Vorbei kam ich nicht – noch nicht.

Bei einer BMW konnte man sicher sein, dass die angegebene Leistung mindestens erreicht wurde. Bei den Japanern war es die maximale – und deren Produktionsstreuung war groß. So hatte meine BMW vielleicht 55 PS gegen eine Honda mit real bestenfalls 58–62 PS. Dazu kam, dass ich als Strich in der Landschaft mit 56 kg dem Wind weniger Angriffsfläche bot als, eine breite 4-Zylinder mit korpulentem Fahrer mit 20 kg mehr auf den Rippen. Ich sage nur: Windfläche (-widerstand) und Leistungsgewicht.

Die BMW stand bei Übernahme serienmäßig da. Das hieß, nur mit einem Rückspiegel links. Die Investition in einen rechten erfolgte umgehend. Der war circa drei bis fünf Zentimeter länger als der linke. Ich glaube, die kürzeren gab es gar nicht mehr. Um Sicht nach hinten zu haben, musste ich jedes Mal meinen linken Arm etwas anlegen. Rechts reichte ein Blick ohne Verrenkungen in den Spiegel.

Weitere Investitionen standen an. Mit Jeans-Anzug fahren, war aus verständlichen Gründen nicht mehr drin. Am 6.4.1974 bestellten wir, meine Frau und ich, bei Erdmann in München je eine schwarze, zweiteilige Lederkombi mit zwei schicken, gelben Streifen an den Seiten. Die Marke war in puncto Sicherheit und Verarbeitung die beste Marke und sie fertigten auch nach Maß.

Schwarz war Standard bei Lederjacken und -hosen. Die meisten Motorradfahrer verzichteten jedoch auf diese schützenden Utensilien. Das Sicherheitsdenken hörte für viele beim Helm auf. Nierengurt kam auch nur bei den Vernünftigen an. Ein Grund waren sicher die Lederkombipreise. Für meine bezahlte ich 535,00 DM, was ungefähr einem halben Monatsnettolohn entsprach. Die Maßanfertigung für meine Frau schlugen mit 588,50 DM zu Buche. Die Kombis passten und man war wer. Wobei uns Punkt zwei egal war.

Dazu wurde uns ein Lederfett empfohlen. Als gehorsame Kunden nahmen wir zwei Dosen für zusammen 10,00 DM mit. *Geht auch für die Stiefel!*

Am Sturzbügel, der schon beim Kauf als Extra am Motorrad war, klebte ich nach vorne gut sichtbar, leuchtoranges Klebeband. Jeder fand das potthässlich, aber es zeigte Wirkung. Das Signalorange ließ Autofahrer bei einem Blick in den Rückspiegel ganz anders reagieren, als sozusagen mit ohne. Ein respektvolles Platzmachen war die Regel. Auch entgegenkommende Pkws blieben nicht am Mittelstreifen kleben. Offensichtlich war ich nicht mehr zu übersehen. Effekt war, dass ich bei Gruppenausfahrt meist voran fahren musste.

Das Klebeband war auch als Ersatz für das Abblendlicht bei Tag gedacht. In dieser Zeit meinten manche Polizisten, dass sie das Rowdytum unterbinden müssten.

Wer mit Licht fährt, nötigt die anderen Verkehrsteilnehmer.

Das Argument des Besser-Gesehen-Werdens zählte nicht. Genaugenommen gab es für das Einschreiten der Polizei wegen *Fahren mit Abblendlicht bei Tag* keinerlei gesetzliche Regelung. Diese Auskunft bekam ich einmal auf unserem Polizeirevier. Aber es sei irgendwie Grauzone. Es gebe Jugendliche, die sich mit rücksichtslosem Fahren und zusätzlichem Fernlicht Vorfahrt erzwängen, usw., usw.

Einmal habe ich einen Polizisten, der mich am Tag in der Lichtsache anhielt, gefragt, auf welchen Paragrafen er sich berufe. In der StVO stehe keiner. Falls es keinen gebe, halte ich sein Tun für Belästigung und Amtsanmaßung. Er war so perplex, dass er nur sagte: Hau ab!

Die Fahrt auf die Isle of Man war abgemachte Sache, ich musste noch in Koffer investieren. Krauser war das Maß aller Dinge, da der einzige Hersteller in Deutschland. Am 28.5. kaufte ich einen Trägersatz und zwei Koffer. Den Aufpreis für die Deckellackierung in Fahrzeugfarbe zahlte ich gerne. Die Bodenteile waren schwarz. Die Deckel in blaumetallic kosteten mich weniger als der Händlerrabatt, den ich bekam. Wie schon erwähnt, war ich in einer Autowerkstatt beschäftigt. Sicherheitshalber erhielten die nach hinten zeigenden Seiten der Koffer auch die orangen Klebestreifen verpasst.

Ach ja, ein neuer linker, langer Rückspiegel kam noch dazu. Für die Fahrt schien mir das Ellenbogeneinziehen dann doch zu anstrengend, auch wenn ich in England diese Seite nicht ganz so oft brauchen würde.

Zwischen 5.4. und 17.5.1974 hatte ich etwa 2.000 Kilometer zurückgelegt. Der 6.000 km-Kundendienst wurde vorgezogen, denn in Kürze sollte die Reise mit geplanten 6.000 losgehen. Wolfratshausen – Isle of Man – Kopenhagen und zurück in die Heimat. Doch davon in einem eigenen Kapitel.

Nach diesem Drei-Wochen-Trip zeigte der Tacho knapp 12.800 Kilometer. Ein erneuter Kundendienst wurde gemacht und der Schaden der Fahrt, sprich Chromring vom Scheinwerfer erneuert, sowie wieder ein Kupplungsseil für den Fall der Fälle beim Werkzeug unter dem Sitz verstaut. Zudem war der Hinterreifen fällig.

Sonst erinnern sich ich und meine Belege an nichts Berichtenswertes mehr, außer dass das Motorrad noch einmal umgefallen sein muss, da ich am 12. Dezember wieder einen Ventildeckel gekauft hatte. Fahrzeug in unserer Werkstatt gekippt, jemand angefahren? Was weiß ich. Jedenfalls kein Unfall.

Da man sich ja sonst nichts gönnt – vielleicht waren es aber auch erste Altersanzeichen bei mir oder einfach Verweichlichung – jedenfalls musste ein Windschutz her. Auf langen Autobahnstrecken versprach er ein entspannteres Fahren. Aus optischen Gründen kam nur eine schlanke Knoscher-Vollverkleidung in Frage. Die Firma Knott werkelte in Bad Tölz, zwanzig Kilometer entfernt.

Statt den ursprünglich geplanten eintausend und vielleicht ein paar zusätzlichen, wechselten am Ende insgesamt 1.500 Mark den Besitzer. Kosten bei Selbst-Montage. Dabei habe ich mehr als 300 Mark über Händler-Rabatte gespart.

Mit der lackierten Verkleidung und dem Anbausatz war es nicht getan. Scheinwerfer, Zündschloss, Tacho und Blinkrelais mussten durch andere Teile ersetzt werden, da die vorhandenen mit dem Neuanbau nicht zusammenpassten.

Zusätzlich gönnte ich mir noch ein VDO-Cockpit mit Öldruck- und -temperatur-Anzeige, sowie Voltmeter. Diese Einheit musste unter der Verkleidungsscheibe gut gefedert montiert und spritzwassergeschützt sein, da sie sehr anfällig auf Vibrationen und Feuchtigkeit war. Sie war nur für Verwendung in Pkws vorgesehen. Ich kaufte sie trotzdem.

Leider war sie nach kurzer Zeit defekt. Da wir bei VDO gute Kunden waren, bekam ich sie auf Garantie ersetzt. Nachdem das neue Cockpit mit noch weicheren Schwinggummis gelagert wurde, überstand es über 44.000 Kilometer bis zum Verkauf der BMW schadlos.

Aus den Aufzeichnungen: 8.3.1975, Fahrt auf Autobahn von Murnau. Kurz vor der Ausfahrt nach Wolfratshausen 215 km/h Spitze, 7.800-7.900 U/min.

Mit der R75 fuhr ich sehr gerne. Sie und später die Suzuki DR BIG waren mir die liebsten Reisemotorräder. Die einzigen Schwachpunkte meiner BMW, ihre unterdimensionierten Trommelbremsen und das Kupplungsseil, von dem ich auf insgesamt 60.000 Kilometer drei Stück erneuern musste.

Im September 1977 fing ich mit BS motor an. Ab da war mit Fahrten aus Zeit- und Kostengründen weitestgehend Schluss bis auf wenige Touren.

Ab 5. Juni 1979 durfte dann ein neuer Besitzer die Welt bereisen.

BMW III

Die Motorradszene hatte sich in den letzten Jahren stark gewandelt. Zu Adlerzeiten selig war es ein Erlebnis, einem anderen Kradler zu begegnen. Da war Motorradfahren eine Lebensanschauung.

Kurze Zwischenbemerkung:

In München gab es das Schimpfwort Krattler (in verschiedenen Schreibweisen). Krattler wurden Menschen abschätzig bezeichnet, die sich fies benahmen und/oder generell nicht benehmen konnten. Auch Obdachlose oder Zerlumpte fielen im Volksmund in diese Kategorie.

Krattler/Grattler/Kratler wurde mit kurzem breitem a gesprochen; es leitete sich vom tirolerischen Wort für Korb ab und bezeichnete ursprünglich Wanderhändler, die ihr Hab und Gut in diesem auf dem Rücken mit sich führten.

Kradler kommt von K(raft)radler mit langen offenem a. Da die minimalen Lautverschiebungen nicht jedem bewusst wurden, spielten wir mit dem Verruchten und ließen offen, wozu wir uns zählten. Gar manche erkannten den Unterschied nicht.

Doch zurück zur Motorradpopulation. Sechs Jahre später, also 1976 empfand ich die Straßen überfüllt mit Motorrädern, nicht ahnend, wie die Entwicklung in den nächsten zehn Jahren erst weitergehen werde. Schickimicki-Fahrer suchten Anschluss. Es war eine Zeit des erneuten Umbruchs.

Was war zu tun, um wieder Teil einer kleineren verschworenen Gemeinschaft zu sein? Ein Hinweis auf die Lösung kam aus der Rennszene. Die spannendsten Momente bei Rennveranstaltungen waren die Gespannrennen. Gespann, das war das Zauberwort.

In einer kleinen Welt sprach sich solches Begehren schnell herum und sieh da: *Ich weiß jemanden, der hat einen Steib-Zeppelin. Der ist zu schwer für seine Max. Er hat sich einen kleineren Steib gekauft.*

Wir reden von Beiwagen, die damals schon zwanzig und mehr Jahre alt waren. Nach einem kurzen Gespräch, in dem ich dem Besitzer am 9. April 1976 klar gemacht hatte, dass es für ihn sinnvoller wäre, wenn er mir den LS500 überließe und er sich von dem Geld eine weitere NSU Max kaufen würde, wechselte das Boot kurz darauf seinen Heimathafen. Ich musste dem Verkäufer versprechen, dass ich den Kauf nicht tätige, um daraus umgehend einen Gewinn zu erzielen. Nach ein paar Jahren wäre es ihm egal; dann täte es nicht mehr so weh. Mit etwas Geduld hätte er fast den doppelten Preis erzielen können.

Ich habe mein Versprechen gehalten. Vierzig Jahre später steht der LS500 immer noch in meiner Garage und hat nicht gelitten.

Sein Misstrauen, da ich kein passendes Motorrad für den Beiwagen hatte, konnte ich damit entkräften, dass ich schon eines in Aussicht hätte. Das entsprach nicht ganz der Wahrheit, aber ohne Beiwagen hätte ich kein zusätzliches Motorrad gekauft. Ich hatte ja meine R75/5. Die war jedoch nicht beiwagentauglich.

Es dauerte fünf Monate. Am 2. September 1976 stand endlich ein passendes Inserat in der Zeitung: BMW R50, Bj. 64, TÜV 7/78, 28.000 km, zu verkaufen. Tel. …

Doppeltes Glück war, dass der Verkäufer nur fünfundzwanzig Kilometer entfernt wohnte. Auf meinen Anruf um kurz nach acht Uhr morgens bekam ich zu hören: Oh, Sie sind schon der (ich weiß nicht mehr wievielte), der anruft Da ich am schnellsten dort sein konnte und sofort zugesagte, konnte ich das Motorrad gegen Scheck gleich mitnehmen Im Gespräch stellte sich heraus, dass der Veräußerer den Posten des Verkaufsleiters Deutschland übernehmen werde, deshalb umziehen müsse und dann sicher keine Zeit mehr haben werde mit der BMW zu fahren. Seine zukünftige Firma war der Importeur der Autos, die wir als Vertragshändler vertrieben. Die Welt war klein.

Drittes Glück: Das Motorrad hatte bereits eine Vorderradschwinge. Es war eine ehemalige Polizeimaschine; deshalb auch der niedrige und garantiert originale Kilometerstand. Das einzige Manko auf den ersten Blick – das Ding war grün; mein Beiwagen schwarz. Was soll's. Dann wird es umlackiert. Diesmal jedoch nicht so wie die Adler. Dessen war ich mir gewiss. Außerdem waren meine Beziehungen inzwischen wesentlich weitläufiger als sechs Jahre zuvor; meine Wertschätzung von altem Kram ebenfalls.

So, auf dem Gelände tummelten sich zwei Motorräder und ein Boot. Letzteres wollte an der BMW befestigt werden. Dass die beiden unteren Kugelgelenke beim Kauf des Steib nicht dabei waren, wusste ich. BMW hatte mit Beiwagen nichts mehr am Hut, also auch keine Teile. Außerdem sei dies eine Steib-Sache und nicht die von BMW. So die Auskunft im Lager bei Schorsch Meier, dem BMW-Händler für Fahrzeuge aller Anzahl von Rädern. Dachten wir, stimmte aber nicht. Die Drei war gestrichen worden.

Also meldeten wir uns beim Bewährten und Bekannten. Die Firma Ondrak in München hatte in puncto alte BMWs alles, gebraucht, nicht billig, aber zu angemessenem Preisen und in einwandfreier Qualität. Knapp 75 DM wechselten den Besitzer für in diesem Fall Neuteile.

Nach kurzer Bastelei stand die neue Einheit auf dem Hof. Der TÜV war auf unserem Gelände. Praktisch mussten wir nur um das Gebäude fahren. Doch so konnte der TÜV die Aufbau-Änderung nicht vornehmen, bei aller Freundschaft nicht.

Bis jetzt hatte es die Zulassungsstelle nicht gejuckt, dass das Motorrad eine durchgeixte Fahrgestellnummer und eine zweite, mit dem Brief übereinstimmende am Lenkkopf aufwies. Der TÜV bestand auf schriftlicher Klärung.

Die Fakten: Die BMW war aus dem Polizeidienst ausgeschieden. Der Vorbesitzer, der es an mich verkauft hatte, war der erste Zivilist. Er versicherte mir noch einmal, dass er die BMW so erstanden hatte und die Zulassungsstelle keinen Anstoß genommen hatte. Gut, die Plakette war eventuell von der Polizei vor dem Verkauf erteilt geworden. Deren Dienstabnahme war gleichzusetzen mit dem TÜV für Normalsterbliche. Höchstwahrscheinlich war es das erste Mal, dass eine zivile Prüfstelle das Fahrzeug in die Finger bekam. Ergo, den Erstbesitzer angeschrieben.

Am 23. September ging das Schreiben mit der Bitte um Klärung des Sachverhalts an die Landes-Polizei-Direktion Unterfranken in Würzburg. Die leiteten es weiter an die PD[1] Schweinfurt, da die BMW früher in deren Zuständigkeitsbereich gewesen war.

Sie bestätigte, dass das Fahrzeug mit SW- und WÜ-Nummern geführt worden war, aber niemand davon wisse, dass ein Rahmen ausgetauscht oder eine Fahrgestellnummer geändert

[1] Polizeidirektion

worden war. Es existierten leider keine Unterlagen über Derartiges.

Dem TÜV und meiner Zulassungsstelle konnte ich klar machen, dass nur bei der Polizei die Misere zu suchen sei, was man am behördengrünen Rahmen ja erkennen könne. Vielleicht hatte jemand im Dienst sein Fahrzeug verschrottet und mit dem Rahmentausch war dies vertuscht worden. Weitere Nachforschungen brächten nichts und warum sollten das Motorrad und ich das ausbaden müssen?

Lange Rede, kurzer Sinn. Der Beiwagen wurde eingetragen, sogar Fahrmöglichkeit wahlweise mit und ohne. Zu einem Vermerk im Kfz-Brief über die zweite Fahrgestellnummer konnte sich die Zulassungsstelle nicht durchringen, da der Täter nicht zu ermitteln sei. Aber man wisse ja Bescheid und füge der Akte eine Notiz bei. Vielleicht wussten sie nur nicht, wie dies behördenübergreifend formuliert werden konnte.

Elefantentreffen am Nürburgring, das war auch ein Entscheidungsgrund für ein Gespann gewesen. Ich investierte für den Bootsinsassenkomfort noch in eine Windschutzscheibe mit 70 DM und eine Einstiegsabdeckung für 50 DM. Der Winter oder auch sonstige Wetter konnten kommen.

Im Februar 1977 wurde das Gespann zum ersten Mal auf mich zugelassen, Anfang April abgemeldet. Dann war wieder die R75 dran. Im Betrieb, in dem ich beschäftigt war, hatten wir eine ständige Rote Nummer. Die konnte ich für Fahrten benützen. So musste das Gespann nicht vor Langeweile sterben.

Im September 1977 machte ich mich mit BS motor selbstständig. Mit dem Motorradfahren war aus finanziellen und zeitlichen Gründen auf absehbare Zeit Schluss. So verkaufte ich schweren Herzens im Mai 1978 das Motorrad. Den Trennungsschmerz versüßte mir ein satter Gewinn. Der Steib blieb bei mir. In dem Topzustand würde auch in Zukunft nichts auf dem Gebrauchtmarkt zu bekommen sein. Das Boot konnte an Wert nicht verlieren.

Die Zulassungsstelle des Nachbarlandkreises Starnberg wollte vom Käufer eine Bescheinigung, dass kein Fahrzeug mit der Fahrgestellnummern gestohlen gemeldet war. Nach einer Bestätigung aus Flensburg wurde problemlos der Sachverhalt mit den beiden Identnummern im Kfz-Brief eingetragen. Friede für immer. Hoffe ich.

Über meine erste Fahrt mit dem Gespann: Ich wusste von Gespannfahrern, dass Beiwagenfahren völlig anders verlaufe als mit Solomotorrädern. Folglich drehte ich auf dem Firmenhof eine Stunde lang Runden und Achten. Mit der Zeit fuhr das Gespann dahin, wo ich wollte, auch schneller als Schrittgeschwindigkeit. War es nun nicht an der Zeit, endlich auf die Straße zu fahren? Ich drehte lieber noch eine halbe Stunde weiter auf dem Hof eine Acht um die andere. Übrigens, es war Sonntag und kein Kundenbetrieb.

Nun aber wirklich raus in die Welt. Gegenüber der Hofeinfahrt stand eine Wirtschaft. Um es kurz zu machen: Ich wollte nicht hinein und habe die Kurve gerade so gekriegt. Die Mauer kam gefährlich nahe. Ich setzte meine Fahrt fort. Wollte der Cowboy den Willen seines Pferdes brechen?

Ich weiß bis heute nicht, warum ich nach dieser ersten Kurve außerhalb des Hofs nie mehr Probleme mit dem Gespannfahren hatte. Es war wie das Umlegen eines Schalters.

Der aufmerksame Leser wird sich und mich jetzt fragen, wieso ich das Unterstellen des Gespanns ohne Erklärung ließ, wo ich doch BMW I verkaufen musste, bevor mir BMW II erlaubt worden war. Ein Dreirad brauchte doch noch mehr Platz als eine Solomaschine.

Lösung: Der Betrieb hatte einen Lageranbau bekommen. So war ein Raum freigeworden, der als Ersatzteillager genutzt worden war. Dort konnte ich meine Motorräder einstellen. Mit der Solomaschine gab es keine Probleme, aber mit dem Gespann. Der Zugang war eine normale Türe. So musste ich Krad und Beiwagen getrennt durchbugsieren. Ab 1977 hatte ich von der Stadt Wolfratshausen eine Garage auf einem Brachgelände gemietet, hundert Meter entfernt von meiner Wohnung.

Bevor sich Geocacher in Bewegung setzen, heute ist alles zugebaut.

Weitere BMWs

Hätte ich doch beinahe vergessen. Ich hatte noch zwei. Wovon eine, während ich dies schreibe, zerlegt im Schuppen steht.

Das war sie schon, als ich sie in Lindau gekauft hatte. Leider fehlen mir dazu alle Unterlagen. Und ich meine alle, denn einen Kfz-Brief hatte ich einmal. Den ließ ich gegen Ende des letzten Jahrtausends einem Bekannten aushändigen. Das Dokument war bei BS motor im Tresor aufbewahrt. Ich war im Harz. Meine Leute fragten telefonisch, ob sie den Brief herleihen könnten. Ich willigte ein, da ich kein Problem sah, einer befreundeten Werkstatt den Gefallen zu tun. Sie brauchte einen Originalbrief beim TÜV zur Datenübernahme auf eine andere BMW. Der TÜV hatte von so alten Fahrzeugen nichts im Computer.

Als ich nach ein paar Jahren fragte, wo der Brief sei, wusste niemand etwas davon. Das Dokument war weg und ist es bis heute.

Erstanden hatte ich die R51/3 im Mai 1976 über ein Inserat in der Zeitung. Mir war telefonisch versichert worden, dass sie zwar zerlegt sei, aber alle Teile vorhanden und mit übergeben werden. Ich ließ sie in Lindau abholen, da ich keine Zeit hatte und auch nicht überblicken konnte, ob die Angaben stimmten. Also fuhr mein Schwager, Kfz-Meister, und holte sie ab. Ich hatte sie blind gekauft.

Bis auf ein paar Schrauben waren wirklich alle Teile übergeben worden. Die R51 war für den Steib LS500 vorgesehen, den ich im April bekommen hatte.

Bei der Durchnummerierung meiner BMWs müsste eigentlich diese die Nummer Drei erhalten, nicht die aus dem vorherigen Kapitel. Da ich sie aber nie fertig gesehen und nie damit gefahren bin, zählt sie bei der Nummerierung nicht mit und somit zu den beiden sonstigen BMWs.

Das Motorrad sollte bis zum Elefantentreffen im nächsten Jahr (1977) fertig sein. Bestätigung für Beiwagentauglichkeit war kein Problem. Ja, so etwas wollte der TÜV schriftlich. Obwohl selbst der Dümmste wusste, dass alle BMWs vor den Strich-Fünf-Modellen für Boote geeignet, ja die unteren Kugelköpfe für die Montage serienmäßig an den Rahmen angeschweißt waren. Aber, für diese Fahrgestellnummer hätte es ja anders sein können. Hahaha.

Zu jeder Identnummer musste eine eigene Bestätigung beigebracht werden. Sonst gehe gar nichts. Dies, obwohl die TÜV-Prüfstelle Mieter bei uns war. Eier waren bei den Prüfern noch unbekannt. Paragraphen zählten mehr als Hirn. Pro Fahrzeug eine eigene Bescheinigung, selbst wenn ich am selben Tag mehrere gleiche durchbringen – ja, das ist das richtige Wort – hätte wollen. Ist egal aus heutiger Sicht.

Zeitmangel verhinderte die Komplettierung der R51 – Arbeit im Betrieb und schließlich sollte die R75 nicht vernachlässigt werden. Ich ließ die Kurbelwelle wuchten und den Motor zusammenbauen. An den Zylinderköpfen scheiterte die Vollendung. Ich hatte zwar vier beim Kauf mitbekommen, aber diese hatten alle irgendeine Macke; ausgeschlagene Sitze und was weiß ich noch alles. Jedenfalls war es mit Ventile einschleifen nicht getan.

So sah ich mich nach einer anderen BMW um. Sie war dann die aus dem vorigen Kapitel. Dass die zerlegte R51 ewig in diesem Zustand bleiben werde, war nicht abzusehen. Aus der angepeilten Winterarbeit (auch für die Lehrlinge) wurde nichts mehr – bis heute, vierzig Jahre später. Letztendlich kam Unlust dazu.

Die zweite Sonstige war eine R100 aus den Vereinigten Staaten. Sie war neben anderen als Leihmotorrad von einem Motorrad-Reiseveranstalter aus San Diego bei mir untergestellt. Irgendwie schlief sein Geschäft ein und die Fahrzeuge standen ungenutzt herum. Nach zwei Jahren bekam ich das Angebot, dass ich die R100 als Garagenmietersatz für alle behalten könne.

Sie war vergammelt, unhandlich zu fahren, Federung amerikanisch weich und hinüber, usw. Nach einer Probefahrt war mir klar, mit der werde ich nie warm.

Da ich keine Reklamationen nach einem Verkauf haben wollte, einigten wir uns, dass ich sie in seinem Namen veräußern solle und den Erlös behalten könne. Damit wären wir quitt. Die anderen Motorräder wurden abgeholt. Ich besorgte eine Bestätigung aus Flensburg, dass das Fahrzeug nicht gestohlen gemeldet war. Geld kam nur soviel heraus, dass die Miete und unsere Kosten gedeckt wurden. Zusatzdetails weiß ich nicht mehr.

So und damit ist Schluss mit meinen BMWs. Suzuki Katana, DR Big usw. bevölkern das nächste Kapitel.

Weitere Motorräder

Beim Durchstöbern der Ordner fielen mit Unterlagen über weitere Fahrzeuge in die Hände. Es begann mit einer BMW R51/3 – nicht schon wieder eine – und einem Kaufvertrag von mir an S. Huber. Motorrad und Fahrer tauchen später im Kapitel *Elefantentreffen 1975*[1] auf.

Zuerst wusste ich nicht, wie ich sie einordnen sollte. Ich hatte nicht noch eine BMW besessen. Meine R51/3 habe ich steht herum, kann sie folglich nicht verkauft haben. 1974!

Beim Blättern tauchten Unterlagen zu einer Vespa 125 auf. Die hatte ich sicher nicht gehabt. Als dann weitere von einem Heinkel-Roller hinzukamen, dämmerte es mir. Diese Fahrzeuge und ein VW liefen auf meinen Namen, gehörten aber meinem Bruder. Er war damals erst achtzehn und konnte ohne Unterschrift der Eltern kein Fahrzeug zulassen.

---

[1] Seite 92

Ich hatte ihm geholfen, wie vormals mein Freund mir.[1] Brüder halten manchmal zusammen. Unser Vater war machtlos dagegen.

Hier ein paar weitere Motorräder, mit denen ich gern fuhr. Es waren Vorführfahrzeuge im Einsatz bei BS motor, alle mindestens eine ganze Saison.

Suzuki GS650G Katana

Sie war meiner R75 ähnlich. Kardan, 23-Liter-Tank, handlich, bequeme Sitzposition und mehr Leistung. Sie war ein begeisterndes Reisemotorrad für die damalige Zeit und hat etliche Pässe in den Alpen gesehen.

Suzuki GSX1100SZ Katana

Sie hatte genug Power, war hart in der Federung und fiel auf, besonders nachdem sie eine Vollverkleidung verpasst bekommen hatte. Für Reisen war sie bedingt geeignet. Zweihundert Kilometer reichten auch mir des Öfteren. Trotzdem war ich mit ihr auf Korsika.

Suzuki DR Big

Sie war bis auf die Sitzhöhe ein Traummotorrad zum Reisen. Sehr handlich im Vergleich zu den Straßenmaschinen und eine Reichweite (29-Liter-Tank), unschlagbar. Einmal tankte ich im Solobetrieb und allein unterwegs erst nach knapp 750 Kilometern, sonst meist, wenn die anderen in der Gruppe zum zweiten oder dritten Mal eine Zapfsäule anliefen.

Royal Enfield Bullet 500

Zwei davon hatte ich länger im Einsatz, eine Vier- und eine Fünf-Gang.

Die Fünf-Gang wurde für uns Kontinentaleuropäer normal rechts geschaltet, Bremse links.

Bei der Vier-Gang war das anders herum. Und um das Ganze etwas schwieriger zu gestalten, wurde in entgegengesetzter

---

[1] s. Die Zeit der Adler auf Seite 20 ff

Richtung geschaltet – erster nach oben und die anderen drei nach unten.

Nach einem Wechseln der Fahrzeuge erforderte das Fahren höchste Konzentration.

Mit der Vier-Gang fuhr ich lieber, trotz Schaltung. Mit ihr konnte man schaltfauler unterwegs sein.

Während der über dreißig Jahre mit BS motor bewegte ich eine ganze Reihe von weiteren Vorführmotorrädern; sie mich weniger.

Ein Aufzählen wäre sinnlos. Ich würde sicher nicht alle zusammen bringen.

Private Ausflüge und Erlebnisse

Es hat eine Zeit in der Mitte der 70er-Jahre gegeben, da sind wir so oft wie möglich auf Motorradtreffen und Gaudi-Rallyes gefahren. Ich habe Pokale und Plaketten von Orten, an denen ich gewesen bin, jedoch keinerlei Erinnerungen daran. Ein paar graue Zellen haben sich überreden lassen und ihren Speicherinhalt preisgegeben. So haben es wenigstens die folgenden Storys hierher geschafft.

Natürlich werde ich nicht von allen Fahrten erzählen. Dass der Gardasee und diverse Alpenpässe zum Alltagsgeschäft gehört haben, ist selbstverständlich. Ebenso wie Treffen in der näheren Umgebung – Ingolstadt, Dachau, Tauberbischofsheim oder was weiß ich noch.

Bunde, knapp hinterm Deich, etwas weiter weg. Heutige Routenplaner sagen es seien 865 Kilometer. Die Freitagsstrecke. Und am Sonntag wieder zurück. Samstag zur freien Verfügung. Ansonsten existieren nur zwei Fotos von diesem Wochenende. Darauf sind wir als größere bayerische Abordnung zu sehen. Wobei wir in getrennten Gruppen gefahren sind und uns oben getroffen haben. Was sollte ein Max-Gespann unter R75.

Und irgendwann, es muss in den 80ern gewesen sein, hat es eine Fahrt bis kurz vor Wien ins Weinviertel gegeben. Beim zweiten Teil des letzten Substantivs ist es nicht geblieben. Vom ersten ist reichlich geflossen. Jeder Weinbauer hat seinen eigenen Keller im Hang gehabt und in jedem ist gefeiert worden. Wenn nicht so viele Jahre vergangen wären, hätte ich heute noch einen dicken Kopf. Das ist aber das einzige Mal, dass bei mir Restalkohol in Zusammenhang mit Motorradfahren im Spiel gewesen ist.

Die berichtenswerten Fahrten folgen auf den nächsten Seiten.

Isle of Man – TT-Races 1974

Die Anreise 30. - 31.5.1974

Isle of Man. Was ist denn das?

Oh, eine Insel, ah, hinter England.

Im Atlantik?

Nein, in der Irischen See.

Was, die gibt es auch? Also hinter Irland?

Nein, vor Irland, zwischen Wales, England, Schottland, Nord-Irland und Irland.

Manchmal hatte ich bei der Erwähnung meines Reiseziels den Eindruck, ich hätte gesagt, ich fahre in ein Land jenseits von Indien.

Für manche war da kaum ein Unterschied. Ok, die Himmelsrichtung war diametral; Indien da lang und England in die entgegengesetzte Richtung. Dass die Erde keine Scheibe mehr war, das brachten sie zusammen. Dass sie ein Würfel sei, dessen Kante hinter Irland lag, das schien für viele im Bereich des Möglichen. Amerika lag für sie schon hinter der Kante auf der anderen Würfelfläche. Die geographischen Fakten waren geklärt.

Isle of Man. Dort wollte ich hin. Die Erwähnung des Inselnamens hatte meist nur ein Achselzucken hervorgerufen, eventuell gepaart mit einem eine Frage andeutenden nach oben Ziehen der Lippen.

Eil of Män. Hatte das mit Beeilen zu tun und womöglich auch Mänschen? Ja, warm.

Irgendwie hatte es etwas mit einem Eilen von Menschen zu tun. Wobei sich das Eilen auf nur zwei Wochen Ende Mai, Anfang

Juni eines jeden Jahres bezog. Ansonsten war die Insel ein eher beschauliches Ferienziel für die ältere Generation aus England.

Bei uns gab es wenig Personen, die mit leuchtenden Augen und andauerndem Nicken des Kopfes ihre Zustimmung signalisierten, aber es gab sie.

Sie wussten, wovon die Rede war –

der Insel mit dem Wappen mit den drei Ritterbeinen und dem *Quocunque ieceris stabit*. Übersetzt: Wohin immer du (ihn) werfen magst, er wird stehen oder sinngemäß, egal was geschieht, wir stehen unseren Mann, sind nicht unterzukriegen –

der Insel mit eigener Währung, eigenen Briefmarken und eigenen Gesetzen[1] –

der Insel mit dem ältesten ständig und noch existierenden Parlament der Welt (ab mindestens 979 n. Chr.) –

der Insel mit den schwanzlosen Katzen –

und der Insel mit einem internationalen Motorradrennen seit 1907 –

kurz, von der Insel, auf der alles anders zu sein schien und irgendwie auch war.

Das war meine Werbebotschaft, als ich nach Motorradfahrern im Bekanntenkreis suchte, die mich auf der Reise ins Ungewisse begleiten sollten. Wider Erwarten fanden sich zwei. Der Einfachheit halber hatten sie dieselben Vornamen. So planten wir drei, Max I, Max II und ich die Fahrt. Ausquetschbare Informanten, die schon einmal auf der Insel waren, gab es so was von keine und dementsprechend auch keine Informationen. Was Geographie, Straßen und Fähre über den Kanal anbelangte war der ADAC die größte Hilfe. Was geheim schien, waren

---

[1] Die Isle of Man gehört nicht zum Vereinigten Königreich. Sie untersteht direkt der englischen Krone. Somit hat sie nicht zur EWG (Europäische Wirtschaftsgemeinschaft) gehört und auch heute noch nicht zur EU (Europäische Union), wird aber nicht als Außengrenze behandelt. Mit dem Brexit kann sich dies ändern.

Daten über die Schiffe von Liverpool auf die Insel. Kein Reisebüro, eingeschlossen den ADAC, konnte helfen. So verzichteten wir auf alle Fangseile. Marco Polo hatte schließlich auch keine.

Gedanken an die Fahrt auf der Autobahn München, Köln, Aachen, Ostende verwarfen wir, zu langweilig. Außerdem dauerte die Fähre vier Stunden statt der einen von Calais nach Dover. Und in Frankreich waren die Mäxe auch noch nicht gewesen.

Wir waren uns einig, Wolfratshausen, München, quer durch das Nachbarland, Calais, Dover, Liverpool, Douglas IoM. Und dort ungefähr in der Mitte der Insel auf einen Campingplatz, um nicht zu weit zu den Rennen zu haben. Die Zeitschrift, die damals noch *Das Motorrad* auf der Titelseite prangen hatte, war mit Vorjahresberichten der nützlichste Helfer.

Aus geographischer Sicht kamen Theorie und Praxis fast zur Deckung. Die vierte Dimension, die Zeit hielt ein paar Überraschungen bereit. Da wir siebzehn Tage totzuschlagen hatten und uns die Insel zu klein für so viel Zeit schien, musste noch ein weiteres Ziel her. Max und Max schlugen vor, da wir schon einmal im Norden waren, einen Abstecher nach Kopenhagen zu machen. Und was soll ich sagen, die Meinungen verschmolzen jenseits mehrerer Biere zu einer.

Der Zeitplan war: Donnerstag, zwei Uhr nachts Abfahrt in Wolfratshausen, am Spätnachmittag die Fähre Calais-Dover und Nähe Hafen oder weiter landeinwärts übernachten. Am Freitag Weiterfahrt nach Liverpool und gegen Mittag mit dem Schiff auf die Insel. Wir wussten, dass dies nur zweimal am Tag möglich war. Wann, hatten wir im Vorfeld, wie gesagt, nicht herausbekommen können, aber es hatte mit Ebbe und Flut zu tun.

Nun beginnt ein nicht jugendfreier Abschnitt, die tatsächliche Anreise. Von den Motorradfahrern sollten nur die weiterlesen, die ohne Nachahmungstrieb sind und ebenso wenig Willen, Derartiges zu toppen.

Wider Erwarten fuhren wir tatsächlich Punkt zwei Uhr vor meiner Haustüre weg, alle drei. Die Motorräder waren am Vorabend schon gepackt. Zwei BMW R75/5 und eine BMW R90S, außer einer serienmäßig. Meine zierte ein einteiliger Sturzbügel und Krauser-Koffer der zweiten Serie mit in Fahrzeugfarbe lackierten Deckeln. Die Behälter und mein Körpergewicht von sechsundfünfzig Kilogramm waren mein Nachteil. Meine BMW wurde zum Packesel erkoren. Die beiden Koffer nahmen alle meine Habseligkeiten für drei Wochen auf, inklusive Kocher und andere Utensilien für den Haushalt. Quer darüber und den hinteren Teil der Sitzbank festgezurrt waren der Sack mit dem Hauszelt und darauf ein Seesack mit Sonstigem. Max und Max hatten ihre Sachen in Taschen auf ihren Bänken verstaut.

Dank einer kurzen Testfahrt am Vortag hatten wir noch ein wichtiges Detail geändert. Meine Ladung musste etwas weiter vorn über der Hinterachse befestigt werden, da ich nicht die ganze Strecke auf dem Hinterrad fahren wollte und es sicher auch nicht geschafft hätte. So bekam ich eine Lehne. Nur das Auf- und Absteigen bereitete manche Schwierigkeiten.

Ein sonst üblich lässiger Schwung mit dem rechten Bein über den Sitz war unmöglich. Ich musste jedes Mal warten, bis einer der Mäxe sein Motorrad abgestellt hatte und meines hielt, dass ich nicht umfiel. Dann konnte ich absteigen, mein Bein wie eine Prothese zwischen Lenker und Gepäckturm über die Sitzbank herausziehend. Das Aufsteigen ging problemloser, da das Gefährt auf dem Hauptständer stand. Sitzend konnte ich das Fahrzeug vom Ständer rollen. Beim Abrollen benahm sich die Fuhre wie Wackelpudding. Ein Schlingern ging durch den Haufen, als wolle das Motorrad seine Last abschütteln. Pech gehabt. Die Ladung hielt. Zum Aufbocken waren wir immer zu zweit oder gar zu dritt. Der Seitenständer kam nicht in Frage, den hätte es verbogen oder er wäre weggebrochen; bereis der erste Verbiegetest war erfolgreich verlaufen.

Start. Die Straßen in der nächtlichen Landeshauptstadt gehörten uns. Freundlicherweise waren die Ampeln meist ausgeschaltet, manche gelb blinkend. Autobahn München – Stuttgart.

Stuttgart – Karlsruhe genossen wir schon im Morgengrauen, wobei der zweite Teil des Morgenwortes stark mit dem Straßenzustand zu assoziieren war. Der permanente Lkw-Verkehr hatte regelrechte Gleise und Löcher im Fahrbahnbelag geschaffen.

Drei Nichtraucher und Motorräder mit vollen 24-Liter-Tanks brachten ohne Halt bei einer Geschwindigkeit von 160 km/h und einem Verbrauch von ungefähr sechs Litern eine ganz schöne Strecke zustande. Absprache war, gehalten wird nur zum Tanken, maximal alle zwei Stunden zum P. und dreimal am Tag zur Verpflegung der Fahrer.

So war es nicht verwunderlich, dass wir am Vormittag den Rhein und dann die französische Grenze überquert hatten. Ab hier war allerdings Schluss mit Autobahn und 160 km/h. In Frankreich gab es auf allen Hauptverbindungsstraßen drei Fahrspuren. Die mittlere war für beide Richtungen. Wer zuerst auf der Spur war, hatte Vorrang. Dieses System war fast genauso effektiv wie unsere Autobahnen. Damals war der Verkehr noch nicht so dicht wie heute. Im Berufsverkehr konnten die Fahrzeuge zweispurig zur Arbeit und auf zwei zurückfahren.

Die erlaubte Höchstgeschwindigkeit von 90 km/h außerhalb geschlossener Ortschaften rundeten wir großzügig auf Einhundert auf. Mit diesem Kompromiss konnten wir leben und waren überzeugt, dass es auch die Franzosen konnten. Die Sonne brannte herunter, Frankreich hatte alle Grünnuancen ein wenig zurückgenommen, dass die Landschaft mehr ins Gelbliche ging. Am späteren Nachmittag passierten wir Metz.

Ab hier wollte sich die Franzosen für unsere Geschwindigkeitsüberschreitungen rächen, obwohl wir die Ortschaften mit maximal 60 km/h durchquert hatten. Das Land schien mit jedem gefahrenen Kilometer um einen halben zu wachsen. Eine Autobahn wäre jetzt schön gewesen, doch es gab keine.

Von Dünkirchen bis Calais war für Autos Stop-and-go angesagt, fast die ganze Strecke. Recht viel schneller kamen auch wir aufgrund des Gegenverkehrs nicht vorwärts. Wo waren die dreispurigen Straßen, wenn man sie brauchte? Den ganzen Tag über hätten wir mangels Verkehr darauf verzichten können. Hoffentlich standen die nicht alle zum Übersetzen an.

Über dem Kanal warteten schwarze Wolken einladend. Na, nun kommt schon – oder so ähnlich, schienen sie zu sagen.

An der Fähre in Calais angekommen kauften wir Tickets und stellten uns auf ein Warten auf die nächste ein. Die im Hafen liegende ließ bereits keine Pkws mehr an Bord und schickte sich an, die Klappe zu schließen. Wir rollten zu der leeren, für Motorradfahrer vorgesehenen Bahn und wollten es uns gerade gemütlich machen, als von der Fähre wild fuchtelnd eine Person auf uns zulief. Keiner Schuld bewusst begannen wir eine Debatte untereinander anzufangen, wer was gemacht haben könnte, um Frankreich so außer sich zu bringen. Es war zwar Überholverbot die Küste entlang, aber nicht einmal die Franzosen konnten annehmen, dass sich ein Motorrad dieser Stehen-Fahren-Stehen-Prozedur unterwerfen würde.

Atemlos kam er bei uns an und machte schaukelnde Armbewegungen wie ein Affe. Irgendwie sah er aus wie Quasimodo. Sein freundliches Gesicht ließ uns erraten, dass er meinte, wir mögen auf die Fähre fahren. Sie warte auf uns. Das war dann fast zu viel der Ehre. Wieder einmal zeigte sich, dass Franzosen nicht Englisch sprachen, außer sie wollten es. Oder sollte es an Bord Personal geben, das dieser Sprache nicht mal ansatzweise mächtig war?

Mit den Helmen, den Ellenbogen statt den Kopf schützend, fuhren wir an Bord. Ruckzuck waren Seile um und über die Motorräder gespannt und die Klappe am Heck des Schiffes zu. Ein Tuten, Rumpeln und Zittern und wir legten ab. Als wir oben an Deck ankamen, war die Fähre schon unterwegs. Jetzt sahen wir auch, was die Eile sollte. Kurz vor uns war die aus England kommende im Anmarsch.

Die Wolken hatten beschlossen, es bei der Drohung zu belassen, und versuchten nun landeinwärts Eindruck zu schinden. Solange sie es sich nicht anders überlegten, konnte es uns recht sein.

Als wir in Dover das Schiff verließen, war es acht Uhr abends durch. An den meisten Fenstern stand rot No Vacancies[1]. Damals fuhr man von der Fähre noch mitten durch die Stadt und auf einer schmalen Straße die Klippen hinauf. Von der Autobahn direkt von und zur Fähre und der Brücke über den Ort hinweg war noch nichts zu erahnen.

Also Canterbury oder eher, sobald es dunkel werde. Solange wollten wir noch fahren. Wir wären näher an Liverpool und hätten morgen nicht so weit. Der Plan schien einleuchtend. Ein ausschlaggebender Punkt war zudem, dass wir jetzt bei wenig Verkehr das Linksfahren üben konnten. In der Früh wäre sicher wesentlich mehr los.

Canterbury wurde durchquert. Danach ging es auf die Autobahn. Es war immer noch hell. Bis zum Norden Londons wollten wir noch fahren. Halb elf Uhr nachts, die Dämmerung begann sich langsam heranzuschleichen. Inzwischen war unser Tag achtzehn Stunden lang. Davon hatten wir ungefähr drei nicht auf dem Motorrad gesessen.

Als wir vor dem Dartford-Tunnel hielten, wussten wir, wenn wir auf der anderen Seite herauskommen, wird es Nacht sein. Fünf besetzte Kassen regelten den Verkehr und ließen keinen Stau aufkommen. Zu dieser Stunde hätten eine oder zwei gereicht. Die Engländer warfen ihre Münzen in einen Trichter am Kassenhäuschen. Und weiter ging es. Wir Motorradfahrer hatten das Geld natürlich nicht parat – und schon gar nicht abgezählt. Ein umständliches Öffnen der Lederkombi nach dem Ausziehen der Handschuhe und einer Geldbeutelfummelei, der diebstahlgesichert ganz innen unter der Kombi verstaut war, ließ den erst freundlich dreinblickenden Herrn im Glasverschlag seine Mine etwas verfinstern. Mit der Hand schaufelnd murmelte er etwas, was ich wie ein Go-on interpretierte. Ich meinte,

[1] belegt

darin eine Aufforderung schneller zu machen, herauszuhören. Mein *Moment* hatten eine Beschleunigung seiner Schaufelbewegungen mit diesmal mehreren und klarerer verständlichen Go-ons zur Folge. Da kapierte ich, dass wir nichts zahlen brauchten und den Verkehr nicht behindern sollten. Hinter uns standen bereits zwei Pkws. Ich rettete die Nacht des Mannes, indem ich Max und Max zurief, sie sollten das Geld steckenlassen und nach dem Zollhäuschen links zur Seite fahren, dass wir uns wieder der Kleiderordnung anpassen könnten. Für solche Zwecke war dort eine Teerfläche, die für ein Motorradtreffen gereicht hätte. Ein Jahr später, 1975 waren Motorräder nicht mehr auf den Tafeln mit den Tunnelgebühren aufgeführt.

Es ging fortwährend schnurgerade bergab. Irgendwann, als Australien schon nicht mehr weit sein konnte, machte der Straßenbelag einen Knick. Im gleichen Winkel stieg er wieder nach oben. Der Tunnel bildete ein regelrechtes Vau.

Als wir die Röhre verließen, war es dunkel. Weit und breit kein Haus. Wo war London? Wir brauchten eine Bleibe. Schilder wiesen uns den Weg. *North Circular Road, London, M1*. Die Richtung stimmte schon einmal. Wir folgten der idiotensicheren Beschilderung, die von Osten in einem Bogen zum Norden von London führen musste. Wir fuhren auf einer ausgebauten, zweispurigen, mit einem grünen Mittelstreifen versehenen, autobahnähnlichen Straße.

Es war kurz vor Beginn der Geisterstunde. Auf der bisherigen Strecke hatten wir keine Bed&Breakfast-Schilder, keine Kneipen und keine Hotels gesehen, eigentlich so gut wie keine Wohnhäuser. London war fremdenfeindlich oder hatte keine Lust Geschäfte zu machen. Also weiter.

Vielleicht war es auch unser 22-stündiges Unterwegssein. Egal, die ausgebaute Straße führte geradeaus. Im Vorbeifahren bemerkte ich aus den Augenwinkeln einen Vorwegweiser. *North Circular Road* rechts weg. Es folgte aber kein weiterer Wegweiser. Ein paar winzige Straßen gingen rechts weg, aber keine hatte wie eine North Circular Road ausgesehen.

Nach einer viertel Stunde kam mir die Sache doch komisch vor. Wir fuhren zurück. Ja, da stand der Vorwegweiser. Also noch einmal die Strecke. Wieder kam kein Schild.

Eine innere Stimme gab mir ein, wenn wir links abbögen, müsste irgendwann eine Straße von Süd nach Nord mit einem passenden Wegweiser auf uns warten. Dem Gedanken folgten eine kurze Besprechung und dann die Tat.

Ich hatte das Gefühl für Himmelsrichtungen verloren. Die Mäxe fuhren blindlings hinter mir her. Es war kurz vor drei – unsere Uhren waren bereits angepasst – als wir in einer öden Industriestraße endlich einem Menschen begegneten. Ein Bobby bewachte, einsam schlendernd halb London. Als wir uns ihm näherten und abbremsten, kam ihm die Situation offensichtlich nicht ganz geheuer vor. Eine Hand griff an den an der Seite baumelnden Schlagstock und die andere nach dem Sprechfunk. Als er begriffen hatte, dass wir Ausländer waren, weder ihn noch seine Nation schädigen wollten und unser Begehren, den Weg zur North Circular Road zu erfahren, echt war, erhellte sich seine Mine sichtbar. Er schüttelte anteilnehmend den Kopf und sagte, wir sollten einfach zwölf Meilen geradeaus zurückfahren. Dann wären wir wieder an besagter Straße Er setzte, an die Kappe tippend seinen Weg durch das Niemandsland fort und ließ uns stehen.

Wir taten, wie uns geheißen und fuhren zurück, entlang an endlosen Ziegelmauern, Fabrikgebäuden, Lagerhallen und sonstigem, unbewohnten Gelände. Hier gab es nicht einmal Fuchs und Hase. Wir kamen kurz vor Anbruch der Morgendämmerung wieder an die Straße, auf der wir schon die halbe Nacht verbracht hatten. Sie war immer noch genauso einsam, wie wir sie Stunden zuvor vorgefunden und verlassen hatten. London schlief. Von wegen Puls des Empires.

Und siehe da, wieder waren wir da, wo der Vorwegweiser uns schon zweimal genarrt hatte. Nicht mehr mit uns diesmal. Wir fuhren in annähernd Schritttempo. Ein paar mehrstöckige Häuser säumten den rechten Straßenrand.

Da, eine Lücke. Einer Hofeinfahrt ähnlich führte eine Straße, gerade einmal breit genug für Verkehr und Gegenverkehr, im Neunziggradwinkel nach rechts weg.

An der Hauswand versteckte sich im ersten Stock ein kleines Schild North Circular Road mit einem weißen Pfeil nach rechts. Wer dieses Schild fand, war ein Hauptgewinner. Ein paar Häuser gleicher Bauart folgten auf dem neuen Weg. Dann wurde die Straße breit und ausgebaut. Die Häuser waren offensichtlich nur da, um die Abzweigung zu verschleiern, denn sonst gab es weit und breit keine. Wollten sie die Deutschen beim Einmarsch verwirren? Der Krieg war lang schon vorbei.

Die Abzweigung hätte ich gerne bei Berufsverkehr gesehen, wenn Sattelschlepper herum wollten. Aber wir hatten keine Zeit, auf das Schauspiel zu warten.

Übrigens, auch 1975 und 1976 fuhr ich noch mal geradeaus, einmal mit dem Motorrad und einmal mit dem Wohnmobil.

Hatten sie Probleme, die Leute zu enteignen? Eine einfachere Lösung wäre gewesen, die Abzweigung ein paar hundert Meter – Entschuldigung Yards – vorher oder später anzulegen. Platz wäre genug gewesen auf der grünen Wiese.

Erst 1977 legten mich die Verantwortlichen nicht mehr rein. Heute hat die North Circular Road weniger Bedeutung für den Verkehr vom Kanal in den Norden Großbritanniens.

Inzwischen weiß ich, was uns damals nicht zum Bewusstsein gekommen war. Wir hatten uns auf unserer Suche nicht auf der North Circular Road bewegt, sondern auf einem Zubringer zu dieser Straße. Die North Circular Road begann erst an der Kreuzung mit dem versteckten Schild. Alle Schilder vorher waren als Vorwegweiser zu verstehen und nicht als Straßenbeschilderung.

Doch zurück zu unserer Reise. Nach einer halben Stunde oder so standen wir vor der Auffahrt zur M1, der Autobahn nach Norden. London war doch nicht so groß wie Frankreich geworden. Viel hatte aber nicht gefehlt.

Der Morgen tauchte die Umwelt in ein frisches Grau. Nach kurzer Beratung beschlossen wir, die dreihundert Kilometer wollten wir auch noch herunterreißen. Hätten wir jetzt eine Unterkunft gesucht, wären wir sicher abgewiesen worden. Wer hätte schon am Morgen ein Zimmer vergeben, noch dazu an drei Motorradfahrer, die nur drei, vier Stunden schlafen wollten. Also weiter.

Inzwischen hatte unsere Fahrt an die achtundzwanzig Stunden gedauert. Das Wetter war trocken und angenehm gewesen. Nun begann daraus ein englisches zu werden. Nieselregen und Kälte. Was gab es für die Sonne schon zu sehen. Drei irre Deutsche. Deshalb kam sie nicht hervor. Farbloses englisches Grau konnte sie jeden Tag sehen. Wofür also strahlen?

Je mehr wir nach Norden kamen, umso ungemütlicher wurde es. In der Nähe von Rugby verließen wir die M1 und folgten der M6 Richtung Liverpool. Die Müdigkeit begann zu siegen. So kurz vor dem Ziel schien das Ende unserer Kräfte erreicht zu sein. Um durchzuhalten, steuerten wir jede Raststätte an, tranken einen Kaffee und legten eine Runde Flipper ein. Sogar ich als Nicht-Kaffee- und eingefleischter Teetrinker griff zu der schwarzen Brühe. Das anschließende Aufsteigen auf die Motorräder wurde von Mal zu Mal abstoßender.

Wenn jemand von uns Elefanten über die Autobahn gehen sehe, werde abgebrochen. Soweit waren wir uns einig. Während der Fahrt passierte es mehrmals, dass ich einschlief. Nicht nur ich, auch Max und Max, glücklicherweise nie alle gleichzeitig. So konnte einer auf den anderen aufpassen und zwischendurch hupen. Das Tempo von 112 km/h auf einer dreispurigen Autobahn ermüdete zusätzlich. Keine Abwechslung, nur dahinkriechen. Die schnellsten Fahrzeuge waren Lkws oder aus dem Hause Rolls Royce. Die fuhren 120 km/h bzw. 160 km/h. Alle anderen Auto- und Motorradfahrer hielten sich an die Geschwindigkeitsbegrenzung. Dass ich die Fahrspur nicht verlassen hatte, verdankte ich den Begrenzungslinien. Wenn man über sie fuhr, änderte sich das Fahrgeräusch. So wurde ich etliche Male aus dem Sekundenschlaf gerissen. Bitte nicht nachmachen – dies kann tödlich ausgehen.

In jeder Raststätte trafen wir Motorradfahrer, die an ähnlichen Symptomen wie wir litten, zumindest was die Kälte anbetraf. Die kam bei uns erschwerend hinzu. Als wir an der letzten vor Liverpool erwähnten, jetzt noch volltanken zu wollen, da wir in der Stadt das Gedränge an der Tankstelle vermeiden wollten, gab uns ein Inselerfahrener den guten Rat, dies ja nicht zu tun. An der Fähre würden alle Tanks wegen Brandgefahr ausgepumpt. Puh. Wir tankten jeweils fünf Liter.

Liverpool erwartete die Motorradfahrer. An jeder Kreuzung und Abzweigung waren Pfeile mit der Aufschrift IoM. Niemand schien anderswo hinzuwollen.

Am Hafen angekommen staute sich ein unüberschaubares Meer von Motorradfahrern. Zuerst vor der Einfahrt zum Gelände. Dort mussten die Tickets für die Fähre erworben werden. Danach stand man auf dem Gelände in der Ansammlung, um trichterförmig zu einem schmalen Tor in eine Halle gelotst zu werden. Zwei Fähren lagen unter schwarzem Rauch daneben am Kai. Schritt für Schritt kamen wir vorwärts. Wir waren wieder wach. Es gab zu viel zu sehen, hören und reden. Wir waren die einzigen Deutschen weit und breit und gehörten zu den wenigen mit neuen Motorrädern und noch dazu BMWs. Diese Marke war der Traum der meisten Motorradfahrer im Vereinigten Königreich.

Besonderes Augenmerk richteten sie auf die R90S und meinen, im wahrsten Sinne des Wortes Sattelschlepper. Die Krauser-Koffer zogen die einen an, andere waren beeindruckt, wie hoch und schwer sich eine BMW beladen ließ. So entstanden erste Gespräche. Wir bekamen viele Tipps, was, wann, wo auf der Insel. Wir schienen die einzigen zu sein, die noch nie bei der TT gewesen waren.

Das überwiegende Gesprächsthema war, dass wir Glück hatten und bei Flut ankommen werden. So konnte jeder selbst von Bord fahren. Bei Ebbe war teilweise üblich, dass die Motorräder einzeln per Kran, an einem Seil hängend, herunter gehoben würden. Dies war gefürchtet, da dabei auch mal ein Fahrzeug in den Bach fallen konnte. Sei schon öfters der Fall gewesen. Von der zeitlichen Verzögerung ganz zu schweigen. Bei einem Tidenhub[1] von manchmal mehr als vier Metern im Hafen von Douglas waren solche Gespräche logisch. Ob wirklich einer dabei gewesen ist und so etwas selbst gesehen hat, wage ich bis heute zu bezweifeln.

In der Halle stand alles an, was zwei oder drei Räder hatte und nicht in sich zusammenfiel. Rost, Chrom und Öl waren neben Eisen die Hauptkomponenten. Ich muss zugeben, dass wir aus dem Staunen nicht heraus kamen. Der deutsche TÜV hätte sich wahrscheinlich geschlossen selbst irgendwo eingeliefert.

Etlichen Motoren war anzusehen, dass die Erfindung der Dichtung kurz bevorstehen musste. Diverse Materialien überdeckten manche Fuge. Hatte da doch einer eine kleine Büchse unter seinen Motor gehängt, um das kostbare Nass aufzufangen. Als er aus der Halle war und auf die Fähre sollte, kippte er das Gesammelte in die Maschine und hängte die Dose wieder darunter. Mich hätte interessiert, ob er den Sammler auch während der Fahrt dran hängen hatte. Leider sahen wir ihn auf der Insel nicht mehr. Mit Draht statt Schrauben befestigte Teile, wie Gepäckträger oder Fußrasten fielen wahrscheinlich nur uns auf.

Nachdem ich mich meiner Regenkombi entledigt hatte, kam ich mir wie ein bunter Vogel vor. Komplett in Leder gehörte zu dieser Zeit nicht generell zur Ausstattung eines Motorradfahrers. Hier in England herrschten Bluejeans und Lederjacken vor.

Lederkombis fielen auf. Wenn es sie gab, dann schwarz und einteilig. Bunte wurden mit Leuten vom Kontinent assoziiert. Meine war zwar schwarz, aber zweiteilig und hatte an den Außenseiten zwei gelbe Lederstreifen. Es war erst kurze Zeit her, dass sich vereinzelt bessere Fahrer in Großbritannien mit farbigen Lederkombis auf die Rennstrecken wagten. Die Mehrheit fuhr selbst bei internationalen Rennen noch in Schwarz oder diese als Hauptfarbe. Der normale Motorradfahrer auf den

---

[1] Unterschied zwischen Höchst- und Niedrigstand des Wassers bei Flut und Ebbe.

Straßen nördlich der Alpen kannte auch bei uns nur Schwarz oder vereinzelt annähernd schwarzes Braun. Echte Kradler trugen keine Papageienuniformen.

Was es hier im Hafen alles für Motorräder gab, von denen wir noch nie gehört, geschweige sie gesehen hatten. Leider hatte ich keine Zeit, sie zu fotografieren, da die Masse inklusive uns ständig in Bewegung war, jedoch ohne groß nach vorne. Reservierungen hatte es nicht gegeben, so versuchte jeder auf die Fähre zu kommen. Vielleicht war ich aber auch nur zu müde, den Fotoapparat aus dem Seitenkoffer zu holen.

Die eineinhalb Stunden, bis wir am anderen Hallentor ankamen, waren wie im Flug vergangen. Dort löste sich das Rätsel um den Stau auf. Hier standen drei Zweihundert-Liter-Fässer mit einer draufgesetzten Handpumpe und einem Schlauch dran. Der wurde in jeden Motorradtank gesteckt und leergepumpt. Benzin, Zweitaktmischung, alles durcheinander. Wahrscheinlich war auch mal Diesel dabei. Das Auspumpen geschah ziemlich halbherzig. Drei, vier Pumpbewegungen pro Motorrad reichten. Vom Sicherheitsstandpunkt unsinnig, da nicht jeder Tank nach der Prozedur leer war. Alibifunktion oder Schlamperei? Oder verließen sie sich darauf, dass alle mit fast leerem angerückt kamen? Sei es darum. Wenn ein Fass voll war, wurde es verschraubt und zur Seite gerollt, ein Ersatz geholt und weiter so.

Motorräder mit kleinen Tanks hatten das Nachsehen, sie wurden überwiegend leergepumpt. Pfiffige führten einen vollen Reservekanister oben auf ihr Gepäck geschnallt mit. Das störte die Sicherheit an Bord offensichtlich nicht. Oder fehlten nur die Anweisungen oder der Passus in den Versicherungsbedingungen?

Unsere BMW-Tanks waren beidseitig am Rahmen heruntergezogen und bildeten im unteren Teil zwei getrennte Kammern, abgeschlossen mit je einem Benzinhahn. Darunter war ein Verbindungsschlauch. So konnte man einen Hahn geschlossen halten und hatte somit einen wesentlich größeren Reservevorrat als bei Benzinbehältern mit nur einem. Ich schaltete immer nur einen Teil frei. Wenn die zweite gebraucht wurde, dann war es wirklich Zeit zu tanken.

In meine BMW wurde der Schlauch nur in eine Kammer gehalten. Die andere war anschließend noch bis zum Rahmen voll. Anyways.[1] So mussten wir auf der Insel in Douglas nicht gleich die erste Tankstelle ansteuern. Uns war erzählt worden, dass man nach dem Anlanden bis zu zwei Stunden an der nahe am Hafen anstehen könne.

Wahrscheinlich wussten die Engländer nichts von unserer Tankbauart oder wollten nichts wissen. So voluminöse waren dort sehr selten.

Schon sah ich den Tank-pumped-out-Aufkleber auf mein Scheinwerferglas zustreben, als ich dies gerade noch verhindern konnte. Ich machte dem jungen Mann klar, dass ich den Sticker nicht auf dem Glas haben wollte und ihn selbst befestigen werde. Er hätte fast ein Viertel des Lichtaustritts verdeckt.

Tolle Sache bei Nachtfahrten. Oder gingen die davon aus, dass man den Aufkleber auf der Fähre sofort wieder abmachte?

Übrigens habe ich nie gehört oder gesehen, dass vor der Rückfahrt nach Liverpool oder sonst wohin in Douglas Tanks ausgepumpt worden wären. War das Risiko nicht dasselbe? Die Fahrtrichtung konnte doch ebenso wenig wie der Abfahrtshafen eine Rolle spielen. Waren die Motorräder dann nicht versichert? Oder ging es in Liverpool mit dem abgezapften Sprit um ein einträgliches Geschäft, das unter der Würde der Inselbewohner war?

Ehe ich noch einmal protestieren konnte, prangte der Aufkleber völlig schief auf der rechten Seite meines Lampengehäuses.

Auf dem Sticker war der orange Schriftzug Motor Cycle. Darunter in schwarzen Buchstaben *TT I.o.M. 1974* und darunter *Tank pumped out.* Wer ihn nicht sichtbar beim Fahren auf die Fähre auf dem Motorrad hatte, wurde zurückgewiesen. Danach hatte er seinen Zweck erfüllt und keine Aufgabe mehr. Man

---

[1] Sei's drum

durfte ihn nicht selbst befestigen, um Unfug mit dem Aufkleber zu verhindern. Er und später folgende prangten auf meinem Motorrad, solange ich es fuhr.

Zurück in Deutschland bewirkte das öffentliche Zur-Schau-Stellen ein steigendes Ansehen für den Fahrer. Der Sticker kam einer Adelung gleich, war sozusagen der Hosenbandorden der Motorradfahrer. Wert hatte er nur mit dem Zusatz *Tank pumped out*. Nur dieser war ein Beweis für die Anwesenheit auf der Isle of Man. Als ich die BMW verkaufte, übernahm der Käufer 1979 die dreifachen Ehren.

Aufkleber ohne Zusatz gab es auch anderswo, z. B. in Tageszeitungen. *Motor Cycle* entsprach der deutschen Zeitschrift *Das Motorrad*. Es war das Sprachrohr der britischen Motorradfahrer. Alle relevanten Neuigkeiten erschienen darin. Es war eine Zeitung, während unser *Das Motorrad* einer Illustrierten gleichzusetzen war.

1975 nahm ich den Aufkleber vorsichtig mit viel Aufwand ab, da der alte Lampentopf nicht mehr verwendbar war. Er musste beim Anbau der Verkleidung einem kleineren weichen.[1] Der Picker bekam seinen Platz auf der neu angebauten Knoscher-Vollverkleidung links über dem Blinker.

Doch zurück zu Liverpool. Nach einem weiteren etwa halbstündigen Sammeln im Freien ging das Fahren auf die Fähre sehr zügig voran. Wir hatten Glück und waren bei den letzten für das erste Boot und somit bei den ersten, die herunter konnten. Geladen wurde über eine Steuerbordgangway mit Seilen an der Seite. Man konnte drüberfahren oder schieben. Die Gangway war breit genug, um auch Autos laden zu können. Zwei standen an Deck. Kai und Deck lagen auf fast gleicher Höhe.

Unsere Fähre war für den Einsatz im Tagesausflugsverkehr konstruiert, wo selten Fahrzeuge mitgenommen wurden. Sie hatte eine kleine Deckfläche und nur diese eine Beladeмöglichkeit – abgesehen vom Kran. Die andere war ebenfalls seitlich zu befahren und hatte nach oben eine zusätzliche, schräge Ebene.

[1] BMW II auf Seite 29 ff

So konnte abhängig von Gezeiten mal oben, mal unten be-/entladen werden. Es hieß, dass alle in der Irischen See verfügbaren Fähren für die Strecke zusammengechartert worden seien, auch (fast) ausrangierte. Anders sei der Ansturm nicht zu bewältigen gewesen.

Nachdem ich an Bord gefahren und beinahe an meinem Platz angekommen war, riss das Kupplungsseil. Glücklicherweise hatte ich eine Reserve unter der Sitzbank. Weil das sofortige Schrauben nicht ging, da die Motorräder dicht an dicht gepackt waren, und keine Bewegungsfreiheit zum Arbeiten vorhanden war, verschoben wir die Reparatur. Am Campingplatz wäre genug Zeit. Wir wollten den strahlenden Tag genießen.

Von der Fähre und bis Laxey fuhr ich ohne Kupplung. *Wer Gefühl hat, kann auch ohne schalten.* Hier half die unnütze Ausbildung der Fahrschule bei meiner Führerscheinausbildung – Zwischengas. Anfahren und In-den-Stand-Kommen bereitete wenig Probleme. Zumal es nur ein paar Stopps waren, die ich absolvieren musste. Anfahrt mit eingelegtem drittem Gang und drücken auf den Anlasser. So machte das Fahrzeug kaum einen Satz und fuhr gemächlich los. Gut, Gefühl beim Gasgeben war gefragt, dass der Motor nicht sofort wieder abwürgte und auch die Beschleunigung nicht zu hoch war.

Um in den Stand zu kommen, *Zwischengas*, Leerlauf einlegen, ausrollen lassen, bremsen, Zündschlüssel drehen. So war ein kontrolliertes Halten möglich und der letzte Hüpfer vermeidbar. Sollte man eigentlich auch heute noch in der Fahrschule lernen.

Am nächsten Tag gingen wir in Laxey ans Werk. Der Reservezug unter dem Sitz hatte seinen Sinn bewiesen.

Für jetzt galt es aber erst einmal, unseren Flüssigkeitshaushalt ins Gleichgewicht zu bringen. Tee, Kaffee.

Bei ruhiger See wurden die Motorräder mit Hauptständern aus Zeitgründen einfach mit minimalem Abstand nebeneinandergestellt. Das System hatte den Vorteil, wenn eines umfiel, ließ der Dominoeffekt grüßen. Auf einer späteren Fahrt habe ich einmal erlebt, dass bei der Ankunft eine halbe Reihe aufeinanderlag.

Motorräder, die nur einen Seitenständer hatten, wurden an die Reling gelehnt und dort angebunden, wo sie scheuern konnten. Profis führten als Puffer Matten mit. Wer einen defekten Hauptständer hatte, musste die Ladecrew schon davon überzeugen, um einen Platz am Geländer zu bekommen, da es deren nie genug gab. Jetzt wurde mir klar, warum mit den vergammeltsten Motorrädern übergesetzt wurde.

Vier Stunden Fahrt. In Douglas werden wir sechsunddreißig ohne Schlaf unterwegs gewesen sein. Nun war müde sein ok.

Daran war jedoch kaum zu denken. Kein Platz, zu viel Lärm und zu viel Neues. Kaffee, und diesmal für mich Tee, erhielten uns die Lebensgeister. Außer ein paarmal kurz Einnicken, ähnlich dem Autobahn-Sekundenschlaf, nur geringfügig länger, kamen wir nicht zur Ruhe. Insgesamt war es mit Sicherheit keine halbe Stunde, die wir uns etappenweise gönnten.

Möwen kreisten kreischend um das Schiff. Kein Land war mehr in Sicht. Die Erde war hier so krumm, dass das Wasser rund herum den Horizont bilden konnte. Das Wetter hatte gewechselt und protzte seit kurz vor unserer Ankunft in Liverpool mit warmem Sonnenschein. Draußen auf dem Meer erfrischte der Wind die an Deck. Die im Schiff, legten sich eine Sperrschicht Bier ein, manche auch mehrere. Insel wir kommen.

In Douglas, der Hauptstadt der Isle of Man und dem Fährziel waren wir umgehend von Bord und auf der Promenade entlang, am Onchan Stadion vorbei, Richtung Norden an der Ostküste auf dem Weg ins nahegelegene Laxey. Der Campingplatz war gleich gefunden, das Zelt aufgestellt und Bettruhe – am helllichten Tag. Selbst für ein Bier waren wir zu müde.

Hier endet der nicht jugendfreie Teil. Was die Zeit angeht, bitte auf keinen Fall nachmachen.

Am nächsten Morgen – oder besser gesagt Spätvormittag – wachten wir auf, gerädert, hungrig, durstig, fast tot, aber zufrieden. Die Sonne schien und trieb uns aus dem heißen Zelt. Am Nachmittag 15:30 Uhr sollte das erste Rennen beginnen, Production Race, seriennahe Motorräder. Helmut Dähne auf

BMW R75/5 mit Startnummer 1. Also los, Essbares musste zuvor her und Anmelden am Campingplatz war angesagt.

Bei der Anfahrt hatten wir an der Straße in Laxey einen Tea-Room gesehen. Dort konnte man sich registrieren lassen. Das Frühstück war exzellent. Speck, Spiegelei, gegrillte Tomate, Bohnen, Erdbeermarmelade. Das braucht der Cowboy. Toast, sie kennen es halt nicht anders. Die Orangenmarmelade ließen wir einstimmig unberührt. Dafür holten wir uns noch eine zweite Portion von den übrigen Leckereien. Die Würstchen gingen an Max II, wofür ich von ihm die gegrillte Tomate bekam. Max I genoss sein Spenderleben ohne Gegengabe.

Der Laden war das Zentrum des Ortes. Im Haus gab es die Post, Zeitungen, Ansichtskarten, Briefmarken, Schreibwaren, Tabak, Eis, Süßigkeiten, und ganz wichtig, Angelutensilien. Gegenüber war die Kneipe Bridge Inn, schräg über die Kreuzung eine Tankstelle und hinter dem Haus der Bahnhof der Manx Electric Railway nach Ramsey im Norden und Douglas, südlich gelegen. Alles vom Campingplatz zu Fuß in fünf Minuten erreichbar.

Den Bridge Inn wollten wir uns für den Abend aufheben. Alkohol und Motorradfahren passten nicht zusammen, auch wenn wir das Inselbier als eher frei davon einstuften. Ab 11:00 war geöffnet, diverse *Locals*[1] schauten schon mal vorbei.

Während wir nach dem Spätstück auf die Straße traten, stellten wir fest, dass das Wetter wieder mal englisch war. Die Sonne hatte sich verkrochen. Dichte Wolken hingen über der Insel. Nebel verdeckte den Snaefell[2]. Und ehe man *Schau mal* sagen konnte, war es dunkel geworden. Kräftiger Wind und Regen setzten ein. Das versprachen ja Rennen zu werden. Dort oben, wo die Strecke entlang ging, mochte es ganz schön wehen.

Viel mussten wir nicht abstimmen, ehe wir uns über die Straße in den Bridge Inn begaben. Wir hielten das Warten auf Wetter-

---

1 Dorfbewohner

2 Höchster Berg der Isle of Man – 621 m

besserung hier für sinnvoller. Bevor das Bier sauer wurde, wollten wir eine kleine Kostprobe nehmen.

Es dauerte ganze fünf Minuten, das erste Gerstengetränk war noch nicht einmal halb ausgetrunken, da waren wir bereits Mittelpunkt der Kneipe. *German, wonderful, nice.* Vier Mann im Raum, einer hatte schon mal in Hamburg gearbeitet, und wir drei. Nach zehn Minuten waren wir Einheimische. Dies ist nicht geflunkert. Es war so. Wir klärten auf, was auf dem Kontinent los war und sie erklärten uns die Welt der Insel. Die Wirtsleute Peter und Grace, ein älteres Ehepaar, das sich mit dem Pub einen Lebenstraum verwirklicht hatte, war seit einem Jahr hier. Sie stammten aus Liverpool und waren somit mindestens genauso fremd wie wir. Aber sie gehörten fest zum Ort.

Aus dem Radio erfuhren wir, dass beide Rennen (Production und Sidecar 750) verschoben worden waren.[1] Auf Sonntag ging nicht, da die Straßen für den öffentlichen Verkehr gebraucht wurden, Montag standen bereits zwei an, also voraussichtlich Dienstag, *due to weather condition*[2]. Unsere Alternative war Kneipe oder nasses Zelt. Um dem Leser die Qual des Nichtwissens zu nehmen, natürlich entschieden wir uns für das Zelt. *Späßle gmacht.*

Wir kurbelten den Umsatz an und versuchten, den Boden des Fasses zu erreichen. Unsere diplomatischen Beziehungen zu den Inselbewohnern wurden immer besser.

Wir verließen den Pub und querten die Straße, diesmal in entgegengesetzter Richtung. Wir labten uns bei Cod ‘n‘ Chips, Peas[3] nicht zu vergessen. Unsere Pommes frites beträufelten wir, wie wir es auf den Autobahn-Raststätten auf der Herfahrt gelernt hatten, mit Vinegar. Schmeckte zwar nicht, ließe aber den Körper das Fett besser verdauen, so das Gerücht. Zudem wollten wir nicht auffallen, von wegen Salz drauf und so.

---

[1] Tabelle mit Zeitplan der Rennen im Anhang des Buches

[2] Abhängig von den Wettergegebenheiten

[3] Kabeljau mit Pommes frites, Erbsen und Essig (vinegar) über die Pommes

Da das Essen keiner kulinarischen Beschreibung bedarf und es keine Fakten über ausgefallene Rennen zu berichten gibt, kann ich ja zwischendurch ein bisschen Wissenswertes verbreiten.

Allerlei über die Insel

Die Isle of Man war[1] eine Insel (Fläche 572 km² und somit größer als Malta) in der Irischen See. Vom Gipfel des Snaefell (621 m) konnte man bei schönem Wetter fünf fremde Länder sehen, England, Wales, Schottland, Nord-Irland und Irland.

Die Insel war seit dem 6. Jahrtausend v. Chr. besiedelt. Später kamen die Wikinger. Die Insel gehörte bis ins 13. Jahrhundert der Norwegischen Krone. Im achtzehnten gelangte sie in Besitz der englischen. Sie war nicht Teil des Vereinigten Königreichs und rechtlich auch nicht der Europäischen Wirtschaftsgemeinschaft[2]. Dies hatte die Insel mit den Kanalinseln Guernsey und Jersey gemeinsam. Alle drei konnten so später zu Steueroasen werden.

1974 war davon noch nicht die Rede. Die Inselbewohner lebten vom Tourismus, Landwirtschaft und Fischfang. Der Touristenfang beschränkte sich auf die Sommermonate. Senioren aus England bildeten die Hauptklientel. Nur zweimal im Jahr holte die Insel tief Luft und wurde von Motorradfahrern überschwemmt. In der ersten Juniwoche waren die Weltmeisterschaftsläufe für Motorräder; meist im September der Manx Grand Prix mit Rennen klassischer und sonstigem Spektakel. Ansonsten konnte man die Insel als beschaulich bezeichnen.

Was gibt es sonst noch zu berichten?

Das Insel Parlament galt als das älteste (seit 979) auf der Welt noch existente.

Die TT (Tourist Trophy) war das älteste noch durchgeführte Motorradrennen der Welt.[3]

---

[1] Dies und Folgendes trifft überwiegend immer noch zu

[2] EWG, heute Europäische Union (EU)

[3] Geschichtliches zur Tourist Trophy auf Seite 71 ff

Auf der Insel gab es keine generelle Geschwindigkeitsbegrenzung außerhalb von Ortschaften[1]. Nur wo Höchstgeschwindigkeitsschilder aufgestellt waren, galt diese; dort und innerhalb aber unbedingt. Strafen waren drastisch und bei Schädigung fremder Personen extrem. Man konnte wegen zu schnell Fahrens aufgehalten und bestraft werden. Dies hatte aber nicht mit einer festen Zahl zu tun. Wenn man nicht angemessen fuhr und andere eventuell in Gefahr bringen könnte, dann schritt die Polizei ein. Während der Rennwochen wurde die Messlatte so hochgelegt, dass wirklich nur Vollidioten zum Zuge kamen.

Im Süden der Insel gab es Palmen (im Freien). Nicht weil sie so weit in den Süden reichte, sondern weil der Golfstrom ein sehr mildes Klima schuf.

In Laxey stand das größte noch funktionierende Wasserrad der Welt.[2] Es hatte einen Durchmesser von zweiundzwanzig Metern und förderte circa 1.000 Liter Wasser pro Minute aus einer Tiefe von bis zu 450 Metern. Es diente zum Entwässern der Stollen im Bergwerk. Laxey lag ungefähr in der Mitte der Ostküste der Insel. Der Name war abgeleitet vom Lachs und deutete auf früher ertragreiche Fänge hin.

In Douglas gab es eine Pferdetrambahn, die die Promenade entlang fuhr.

Die Manx-Katzen gab es in zwei Varianten, ganz ohne Schwanz und mit kurzem Stummel. Beides war nicht auf Motorradfahrer zurückzuführen, auch wenn es auf der ganzen Insel behauptet wurde. Es war einem Gendefekt geschuldet.

Früher war die Hauptsprache Gälisch, heute ist es die Sprache des Geldes.

---

[1] Im Gegensatz zu Großbritannien

[2] Name *Lady Isabella*

Weiter mit Samstag, 1. Juni 1974

Small Talk mit anderen Motorradfahrern, die ihr Zelt ebenfalls ungastlich fanden, ließ bei manchen Tassen Tee die Stunden verrinnen. Zur Erinnerung, wir sitzen immer noch im Tea-Room.

Da Max und Max nicht englisch konnten, wurde viel Zeit in Übersetzungen investiert. Und ehe wir uns versahen, war es 20:00 Uhr. Wir überquerten die uns bekannte Straße wieder einmal.

Der Bridge Inn war voll bis zur Tür. Als wir eintraten, wussten bereits alle über uns Bescheid. Und nachdem ein paarmal *Three pints for my friends*[1] zu hören war, waren wir, noch ehe wir uns bis zur Theke durchgezwängt hatten, über die Köpfe hinweg mit den ersten Milds versorgt. Am Mittag war eine Versuchsreihe mit diesem und Lager[2] gelaufen. *Castletown – Ale of Man* stand auf den Bierdeckeln. Uns war das helle Lager zu herb. So blieb das mittelbraune Mild Grundnahrungsmittel, da es unserem bairischen Dunklen geschmacklich nahe kam. Und weil dem so war, eben noch eins. Zwischendurch abgerundet mit einem Guinness vom Fass. Der Preis hierfür lag fast doppelt so hoch wie der des Milds.

Ich war vielbeschäftigt an diesem Abend, da ich neben meiner Biertestertätigkeit auch noch als Dolmetscher unterwegs war. Keine Sorge, auf uns wirkte das Bier alkoholfrei. Vielleicht sah man deshalb so wenig Betrunkene in Kneipen und auf der Straße. Nur die kleinen weißen, braunen und sonstfarbigen Irgendwas waren gefährlich. Doch davor hatten uns schon unsere Mütter gewarnt. Und als brave Kinder …

Zwischenbemerkung.
Jenseits des Kanals war es üblich – und ist es sicher heute noch – dass für jedes Getränk sofort die entsprechende Summe über den Tresen gereicht wurde. Ich glaube am nächsten oder

---

1 Drei ‚Halbe' für meine Freunde

2 Bierarten

übernächsten Tag klärten wir unseren Wirt Peter auf, dass diese Handhabung unwirtschaftlich sei, da er zu viel Zeit verliere. Bis er das Geld in Händen hätte, könnte er zwei, drei Bier zapfen. Er solle, wie es bei uns in Bayern Brauch sei, für jeden einen Bierdeckel anlegen, die er ja hatte, alles drauf schreiben und wenn wir gingen, als eine Summe kassieren. Überzeugt von meiner Argumentation und den aufmunternden Bemerkungen und Gesten von Max und Max, ließ er sich auf das exotische Experiment ein. Es funktionierte problemlos Abend für Abend.

Wir waren alle neun dort und die Letzten, die gingen. Als die Einheimischen auch auf Bierdeckel abrechnen wollten, wurde es Peter mulmig und er erklärte, dass die Neuerung erst in Erprobung sei. Ich weiß sicher, dass sie nie eingeführt wurde und auch die nächsten Jahre nur für uns galt. Völkerverständigung in der Praxis.

Um 23:00 Uhr war gesetzlich verordnete Sperrstunde. 22:45 läutete Peter eine Messingglocke, die am Tresen hing und rief laut sein: *Last orders, please*[1]. Jeder holte sich noch schnell ein Getränk, stürzte es hinunter und war Punkt 23:00 draußen. Auch wir, am ersten und zweiten Abend. Am dritten wurden nur die Vorhänge zugezogen und die Eingangstüre abgesperrt. Nun waren wir *residents*[2]. Für sie gab es keine Sperrstunde. Alle Wirte Großbritanniens und der Isle of Man hatten panische Angst vor Polizeikontrollen. Wer erwischt wurde, wenn Gäste nach 23:00 in der Kneipe tranken, konnte sofort seine *licence*[3] verlieren. Und das wollte keiner riskieren. Für uns war aber auch spätestens um halb eins Schicht im Schacht.
Ende der Zwischenbemerkung.

Sonntag wurde das Wetter besser. Es regnete nur noch sporadisch. So fuhren wir mit den Motorrädern in die Inselhauptstadt und bummelten dort, genossen Fish 'n' Chips mit dem obligatorischen Kugellagergemüse[4]. Das für uns interessante Douglas

---

[1] letzte Bestellung, bitte

[2] Hausgäste

[3] Schanklizenz – Verlust kommt einem Gewerbeverbot gleich.

[4] Peas – (knallgrüne) Erbsen

bestand in erster Linie aus der Promenade. Sie war die Hauptstraße der Insel und führte im Süden vom Fährpier in leichtem Bogen nach Norden bis Onchan zur Endstation der Manx Electric Railway. Auf der einen Seite das Meer, auf der anderen Häuser mit dem typischen Charme der vorigen Jahrhundertwende. Außer den geparkten Motorrädern gab es heute nicht viel Interessantes. Auch das sonst übliche Auf- und Abfahren der Motorradfahrer hielt sich in Grenzen.

Am Abend suchten wir wieder unsere neue Heimat auf, den Bridge Inn. Heute war noch mehr Betrieb als gestern.

Zwischenerklärung:
Folgendes galt für fast alle Pubs im Vereinigten Königreich. Es gab zwei unterschiedliche Gasträume, sozusagen erste und zweite Klasse. Der Gebäudeeingang war oft der gleiche, im Haus ging es jedoch in separate Räume, in die *Bar*, die rustikaler eingerichtet, und in die *Lounge*, die mit Polsterbänken und -sitzen ausgestattet und vornehmer war. In der Lounge hielten sich überwiegend die weiblichen Gäste auf. Wenn Ehepaare gemeinsam ausgingen, war meist dies ihr Ziel. Die Bar schickte sich nicht für Damen. Und Dame wollten fast alle Frauen sein. In die Lounge ging man nur besser angezogen, während in der Bar oft Leute mit ihrer Arbeitskleidung anzutreffen waren. Anfang der 70er Jahre begann sich ein Wandel abzuzeichnen, aber er ging zäh voran.

In beiden Räumen wurden dieselben Getränke angeboten, nur dass sie in der Lounge etwa zwanzig Prozent mehr kosteten. Der Prozentsatz war örtlich unterschiedlich. Ich habe in all den Jahren, in denen ich auf den Britischen Inseln war, nicht erlebt, dass die Preise auch nur einmal gleich gewesen wären.

Jenseits des Kanals war es üblich, dass man einen Zug durch die Pubs machte. Überall ein, zwei Getränke und dann ins nächste. Leute, die den ganzen Abend in einer Kneipe blieben, gab es kaum. Außer es gab nur eine, die man zu Fuß erreichen konnte. Dies war nur in den kleinsten Dörfern der Fall.
Ende der Zwischenerklärung

Da wir nicht in die Bar konnten, gingen wir in die Lounge, die mit uns so voll wurde, dass man kaum mehr die Türe aufmachen konnte. Türen ließen sich nur nach innen öffnen.

Die Lounge war Graces Reich, Peters war die Bar. Ich muss gestehen, dass wir uns nicht allzu wohl fühlten. Obwohl uns jeder ein Gespräch aufdrängte, kamen wir uns wie Außenseiter vor. Alle versuchten, auf vornehm zu machen. Hier waren wir nicht zuhause. Selbst die Männer, mit denen wir am Vorabend in der Bar drüben ausgiebig akustisch und liquid geredet hatten, gaben sich hier anders. Es waren ja Frauen anwesend.

Die Bar und Lounge waren hinter der Theke durch eine dünne Holzwand getrennt. Hier konnte das Personal von einem Raum in den anderen gehen. Eine Schiebetür dämpfte den Lärm wechselseitig.

Grace bemerkte unser Unbehagen und beorderte kurzerhand einige aus der Bar in die Lounge und winkte uns, in die Bar zu kommen. Sie hatte die Leute anscheinend gelockt, dass sie ihnen die Getränke hier für den Barpreis verkaufte, denn, wieder in der Bar, sah ich sie mehrmals mit Getränken hinter der Schiebetür verschwinden, wiederkommen und Geld in die Kasse der Bar legen. Jeder Posten wurde, wie in Geschäften üblich, sofort eingetippt, was ein typisches, unvergessliches Hintergrundgeräusch produzierte.

Peter war Flugzeugfan. Er hatte bei der Royal Air Force gedient. In der Bar hingen drei Original Holzpropeller und etliche Bilder von Ein- und Doppeldeckern. Mit Motorrädern hatte er nicht so viel am Hut. Sie waren ihm zu gefährlich, wobei ihm Grace stets beipflichtete.

Gegen 22:00 Uhr herrschte wieder Normalbetrieb. Pünktlich um 23:00 Uhr verließen auch wir den Ort des abflauenden Durstes und widmeten uns dem Rendezvous mit Schlafsack und Luftmatratze.

Montag: Frühstück im Tea-Room. Da wir gebummelt hatten und die Rennstrecke schon für den Normalverkehr geschlossen war, fuhren wir nach Norden Richtung Ramsey und hinter Glen

Mona auf einem Feldweg direkt zum Gooseneck[1] hinauf. Vom Parliament Square in Ramsey war uns am Vorabend abgeraten worden, da der Platz viel besucht wäre und man in zweiter oder dritter Reihe stehen müsse.

Die ersten Fahrer starteten gerade, als wir am Gooseneck ankamen. Es war 11:00. Wolken standen hoch am Himmel. Die Sonne schien, manchmal direkt, dann wieder gefiltert. Hier oben in den Bergen (ca. 180 m ü. M.) blieb man als Zuschauer lieber etwas unterhalb der Kuppe und verzichtete auf die Möglichkeit, den Fahrern auf der darauffolgenden langen Straße quer am Hang nachsehen zu können. Gooseneck war die letzte enge Kurve im Anstieg von Ramsey (am Meer). Danach ging es die nächsten drei Meilen sanft ansteigend bis gefühlt eben weiter hinauf bis auf gut 400 m ü. M.

Die circa 100-Grad-Kurve führte steil bergan und zwang die Fahrer zum Herunterschalten in den (meist) zweiten Gang. Die Außenseite war mit einer Steinmauer gesichert, dass Fahrzeuge nicht den dahinter liegenden Hang hinunter fallen konnten. Auf die Mauer gestützt konnten die Zuschauer den Fahrern fast die Hand geben und direkt ins Gesicht sehen. Am Ende der Kurve ging die Brüstung in eine Böschung über, auf der man sitzend die Beine bis knapp über die Rennstrecke baumeln lassen konnte.

Wir machten es uns auf der Straßenböschung bequem, neben dem Feldweg, von dem wir gekommen waren, und harrten der Dinge, informiert über die Liveübertragung von Manx Radio.

Bis die Ersten vorbeikommen, hier ein bisschen Historisches.

Geschichtliches zur Tourist Trophy

Schon von 1904 bis 1906 gab es internationale Motorradrennen in Europa[2]. Diese waren aber von Betrügereien dermaßen überschattet, dass sie 1906 wieder eingestellt worden waren. Eine

---

1 Gänsehals

2 Hauptquelle: The Glory of the Manx TT von Bub Currie und die Zeitschrift MotorCycle

neue Art von Rennen musste her. Die Behörden in England hatten zu viele und bis auf örtliche Ebene verschiedene Vorschriften. Sie dachten immer noch in der Zeit der Pferdefuhrwerke.

Die Regierung der Isle of Man war in der Lage und auch willens, Hauptstraßen für den Rennbetrieb zu sperren. Sie hatten dies schon einmal 1905 für ein Autorennen getan.

Es ging bereits damals ums Geld. Die Hersteller wollten Rennen, die zwar für Werbung taugten, aber deren Bedingungen kontrolliert wurden. So kam ein neues Regelwerk zum Tragen.

Die Fahrzeuge sollten den Serienprodukten entsprechen und dem Kunden zeigen, was damit in der Hand eines Profifahrers alles möglich war. Und das unter Aufsicht und ohne Betrug. So musste der Fahrer mindestens eleven stone[1] wiegen. Die Motoren der ersten sechs im Ziel sollten geöffnet und nachgemessen werden und ein Verbrauchslimit wurde vorgeschrieben. Diese Verbrauchsregelung gefiel auch dem ACC, dem Auto und Motorrad Club in England.

Gewinner sollte der mit dem niedrigsten Quotienten aus Zeit und Verbrauch sein. Kriterium für den Sieg war also nicht, wer der Schnellste oder der Sparsamste war, sondern wer das beste Verhältnis aus beidem erzielte. So blieb bis in die Neuzeit, dass der Sieger erst festgestellt werden konnte, wenn der letzte Fahrer die Ziellinie überquert hatte. Später jedoch aus anderen Gründen.

Die Reichweite durfte 1907 ein Minimum von 90 Meilen[2] pro Gallone Sprit bei Einzylinder-Fahrzeugen und 75 Meilen pro Gallone bei Zwei-Zylinder nicht unterschreiten. Man musste also mit einer Gallone Sprit mindestens 90 bzw. 75 Meilen weit kommen. Dies entsprach einem Maximalverbrauch von 3,14 Liter, bzw. 3,77 Liter auf 100 Kilometer. Man war der Überzeugung, dass Zwei-Zylinder-Motorräder den Ein-Zylindern unterlegen seien, deshalb die günstigeren Vorgaben.

---

1 Stone = 6,350 kg – 11 Stone = 69,85 kg

2 1 Meile = 1,6093 km (1 km = 0,62 Miles), 1 Gallone = 4,54609 Liter

Ursprünglich war die Strecke von Ramsey hinauf zum Snaefell geplant. Die Motorradhersteller bauten nur 1-Gang-Fahrzeuge[1] mit Riemenantrieb. Sie schafften die Steigungen trotz des zusätzlichen Pedalantriebs nicht. So musste in letzter Minute auf einen Alternativkurs in der Ebene ausgewichen werden. Dieser sollte nicht länger als 16 Meilen sein. Ein passender lag im Westen der Insel und führte von St. John's über Ballacraine, Glen Helen nach Kirk Michael. Dort ging es um eine Haarnadelkurve und zurück an der Küste über Peel nach St. John's – alles Sand-Pisten, die sonst für den täglichen Verkehr genutzt wurden.

Bei Sarah's Cottage ging es steil bergauf. Nicht jeder Fahrer schaffte den Anstieg beim ersten Mal. So drehten die Betroffenen auf der Straße um, rollten gegen die Fahrtrichtung wieder hinunter und versuchten es mit dem nächsten Anlauf, solange, bis es klappte.

Das erste Rennen wurde von Charlie Collier, einem der beiden Söhne des Gründers des Werkes auf einer Matchless-Ein-Zylinder mit JAP-Motor gewonnen. In der nicht offiziell separaten Klasse der Zwei-Zylinder war im selben Lauf Harry Rembrandt Fowler auf einer Norton mit Peugeot-Antrieb der Schnellste. Den Bestimmungen nach war es ein Rennen mit einem Sieger, nur mit zweierlei Verbrauchsvorgaben. James Landsowne Norton, der Gründer der schon seit 1898 bestehenden Norton-Werke fuhr als Mechaniker des Privatfahrers Fowler mit zur TT.

Rundendurchschnitt Collier mit 41,81 mph, Fowler mit 42,91 mph. Fowler war schneller, aber Collier hatte auf Grund der Regeln gewonnen.

Die Firma Norton warb nach dem Gewinn des Rennens in Anzeigen:

Internationales Tourist Trophy Rennen

---

[1] Ohne Schaltgetriebe

Die Norton Twin gewinnt.

Zuverlässigkeit: kein Stopp wegen mechanischen Schadens, gleich welcher Art.

Geschwindigkeit: schnellste Runde 42 ¾ Meilen pro Stunde.

Wirtschaftlichkeit: 44 oz Sprit (1,3 Liter) noch übrig.

Der Privatfahrer Herr H. Rem Fowler (Birmingham Motor C.C.) auf einer originalen Standard-Norton-Touring-Maschine fuhr grandios bei seinem ersten Rennen, zweimal schnellste Runde und beendete als Erster vor der Creme der britischen Fahrer, obwohl er folgende 8 Stopps hatte: Flog zweimal aus der Kurve, zwei Stopps um den neuen Antriebsriemen zu spannen, Platten, erneuerte den vorderen Schlauch, zerbrach den vorderen Kotflügel an einem Rinnstein, musste ihn mit Draht befestigen und festkleben, wechselte zweimal die Zündkerzen.

The Norton Manufacturing Co. ...

Nachdem die Industrie die Fahrzeuge verbessert hatte, wurde 1911 zum ersten Mal und bis heute der Bergkurs gefahren.[1]

Noch ein Kuriosum. 1908 wurde der Zusatzantrieb über Pedale verboten, da sich der Fahrer so einen unfairen Vorteil verschaffen könne.

Weiter mit 1974, WM-Lauf 350ccm

Aus der Ferne wurde das Gekreische der Zweitakter hörbar. Die 350er-Klasse hätte auch als Yamaha-Cup ausgeschrieben

[1] Kursprofil und Karte auf Internetseite des Buches

werden können. Nicht von dieser Marke waren 1 MZ, 1 AFM-Harley Davidson, 2 AJS und 1 Norton. Der Rest der 86 Starter war mit den drei Stimmgabeln unterwegs.

Endlich tauchten sie in den S-Kurven weiter unten auf, manche einzeln, andere paarweise oder in Gruppen von drei bis vier Fahrzeugen. So ging es knappe zehn Minuten. Dann waren wieder nur die Radios der Zuschauer zu hören und der Wind. Gespannt warteten wir fast eine viertel Stunde bis die ersten abermals auftauchen. Zuerst das vertraute Gekreische, dann folgten die Motorräder. Dies wiederholte sich insgesamt fünfmal. Was freuten wir uns schon auf das Gespannrennen. Dann werde es anständigen Sound geben.

Da nicht alle Fahrer gleichzeitig gestartet waren, waren wir sehr beschäftigt, die Vorbeifahrenden in die vorgesehene Tabelle im Programmheft einzutragen. Nicht der, der die Ziellinie als Erster überquerte, war unbedingt der Sieger. Zuhause konnte man dann ausrechnen, wer gewonnen hatte. Nein, ganz so schlimm war es nicht. Rund um die Strecke waren an den wichtigsten Zuschauerpunkten Lautsprecher aufgestellt. Aus ihnen tönte die Stimme von Manx Radio. Alle Rennen wurden live übertragen. So war man immer im Bilde, was an anderen Teilen der Insel gerade vor sich ging, oder wer wo ausgefallen war. Um dem Ganzen etwas Pep zu geben, waren die Reporter an mehreren, markanten Stellen um den Kurs postiert. Man konnte immer den Originalsound der Vorbeifahrenden mithören. Kamen Zweitakter vorbei, wurde aus dem Gesprochenen oftmals Unverständliches.

Natürlich konzentrierte sich der Sprecher auf die Führenden. Wenn keine wichtige Änderung zu melden war, gab es auch mal eine Anekdote als Häppchen dazwischen. Wer außerhalb der Reichweite der Lautsprecher war, konnte im Radio das Rennen mitverfolgen. Irgendein Gespannfahrer unter den Zuschauern hatte sicher eines dabei. Dreiradler gab es genug.

Es mag so Runde drei oder vier gewesen sein. Während wir im Programm wieder Startnummern den Namen zuordneten, pfiff plötzlich etwas zwischen unseren Köpfen hindurch. Als wir auf die Fahrbahn blickten, sahen wir dreißig, vierzig Meter weiter Nummer 35 ausrollen. Wir feixten noch *Schau der Moses*, als er langsam rückwärts rollte, neben uns abstieg und sein weiß-blaues Motorrad zwischen den Leuten hindurch schiebend auf dem Zugangsweg abstellte.

Kettenriss beim Schalten und Beschleunigen nach der Kurve. Jetzt wurde uns bewusst, dass Rennen nicht nur für die Fahrer gefährlich werden konnte. Vielleicht war deshalb an unserer Stelle eine kleine Zuschauerlücke?

Es fehlten ungefähr fünf Glieder der Kette. Wenn sie in die Speichen geraten wären ... Das wäre ein Sturz geworden. Oder den Weg nicht zwischen unseren Köpfen genommen hätten. Alle hatten Glück gehabt. Sichtlich geknickt untersuchte Brian Moses sein Motorrad auf weitere Schäden. Dann widmete er sich nicht mehr dem Rennen. Er fand Trost bei zwei alten Ehepaaren, die neben ihrem Gespann und Pkw saßen und auf Campingstühlen ihren Tee zu sich nahmen. Sie verfolgten das Geschehen im Radio und verzichteten auf die zwanzig Meter zur Rennstrecke. Ihnen ging es um die Atmosphäre.

Der letzte Starter war sieben Minuten nach den ersten gestartet. Die Rundenzeit lag bei etwas über zweiundzwanzig. Aufgrund der Streckenlänge entstand zwischen den ersten und letzten Vorbeikommenden eine Pause von zehn bis fünfzehn Minuten, bis sie um den Kurs waren.

Obwohl das Rennen der 350er über fünf Runden (305,5 km) ging und die Fahrer nur ebenso oft vorbeikamen, war uns am Ende aus der eigenen Buchführung nicht klar, wer gewonnen hatte. Gut, dass es Manx Radio gab. Mit unvergleichbarem Enthusiasmus wurde in den Äther geschickt:

Sieger Tony Rutter (1) vor Mick Grant (6) und Paul Cott (32), alle auf Yamaha. Der erste hatte seinen Vorjahressieg wiederholt mit einer Durchschnittsgeschwindigkeit von 168,08 km/h (104,44 mph). Dies war eine Steigerung um sagenhafte 4,83 km/h (3 mph) und schneller als die schnellste Runde des

Vorjahres. Die ersten neununddreißig Motorräder im Ziel waren Yamahas.

Irgendwann war ein für uns langweiliges Rennen zu Ende, bei dem nur acht Fahrer nicht englisch als Muttersprache hatten. Helmut Kassner, den einzigen Deutschen bekamen wir nicht zu Gesicht – Motorstreik.

Sidecar 750ccm

Die Straße wurde für kurze Zeit freigegeben für die, die zu einem neuen Platz fahren wollten. Da aber nur für eine halbe Stunde offen war, blieben wir, wie alle anderen auch am Gooseneck. Die geparkten Motorräder der Zuschauer waren viel interessanter als das Rennen. Diese Fahrzeuge sahen wir uns aus der Nähe und in Ruhe an. Die Zeit verging wie im Flug.

Wir konnten gerade noch die Straße überqueren und uns das Beiwagenrennen von der anderen Straßenseite ansehen. Dort hatte man einen besseren Blick auf die Straße von Ramsey herauf, aber keine Sitzgelegenheit. Der Road Marshall auf seiner Triumph war schon durch. Das war das Zeichen, dass kein Zuschauer mehr auf oder über die Strecke durfte.

Endlich waren uns andere Töne und ein spannendes Rennen mit einem zweifelsfrei deutschen Sieg vergönnt. Gespanne 500 ccm, Weltmeisterschaftslauf. Von sechsundachtzig Gespannen waren elf aus Deutschland gemeldet. Es war alles mit Rang und Namen vertreten, die WM-Führenden Schauzu/Kalauch, die an zweiter Stelle im Klassement stehenden Schwärzel/Kleis, dann Enders/Engelhardt, Steinhausen/Scheurer, Luthringshauser/Hahn und, und, und.

Dass es statt des im Programm angekündigte 500er-WM-Lauf, der vom Samstag auf den Dienstag verschobene 750er sei, wussten wir inzwischen aus dem Radio. Da die Gespanne wegen des Samstagrennens schon mit den größeren Motoren bestückt waren und ein Hin- und Herbauen unnötigen Aufwand bedeutet hätte, wurde kurzerhand die Reihenfolge der Gespannklassen getauscht. Soweit, so gut. 750 statt 500. Die Startnummern waren von Haus aus in beiden Rennen gleich, so war die Übersichtlichkeit gewahrt. Nur die Farbe der Startnummernschilder war anders.

Der Ohrenschmaus sollte hoffentlich nur von ein paar Fortschrittlichen unterbrochen werden. Die hatten das mit dem Boot[1] scheinbar zu wörtlich genommen und fuhren mit einem König-Zweitakt-Motor. Dieser war ursprünglich ein Bootsmotor[2]. Ansonsten stand ein buntes Gemisch aus Antrieben von BMW, Weslake, Norton, Triumph, BSA und ein paar von den beginnend auf den Markt drängenden Japanern, Honda, Suzuki und Yamaha auf dem Programm. Ein Fahrzeug stach ins Auge und veranlasste uns zu einer Diskussion. Als Motor wurde aufgeführt KGB Imp, wobei Imp für Imperial stand. KGB wusste niemand zu erklären. Russen waren es jedenfalls nicht.

Es konnte losgehen.

Details zur Startprozedur

Generell lief das auf der Man dergestalt ab: Alle Fahrer stellten sich am Start auf, wie bei jedem normalen Rennen. Wegen der Enge der Fahrbahn nur zwei nebeneinander (galt auch für Gespanne). Losfahren durften aber immer nur die beiden, die an der Startlinie standen. Wenn die weg waren, rollten die nächsten zwei vor und wurden 10 Sekunden später mit der Fahne losgewunken. Dies wiederholte sich, bis die letzten die Startlinie überquert hatten. Bei sechsundachtzig Motorrädern war die Startaufstellung sieben Minuten nach den ersten abgearbeitet. Gewertet wurde die tatsächlich gefahrene Zeit. Für Zuschauer übersichtlicher und interessanter wurde das Ganze, weil die besseren Fahrer bei den früheren Startern waren.

---

1 Seitenwagen

2 Schiff

Weiter mit Sidecar 750-Rennen

Die Bewölkung hatte zugenommen und es war frischer geworden im Vergleich zum Vormittag. Aber das Wetter schien aushalten zu wollen. Irgendwann hörten wir das Gekreische eines Motors. Ein Nachzügler der 350er-Klasse konnte es kaum sein. Dieses Rennen war lange schon zu Ende. Die Road-Marshals fuhren auf Triumph, von denen sicher keine derartigen Geräusche hervorbrachte, nicht einmal mit Lagerschaden. Wir blickten gespannt hinunter gen Ramsey und Richtung Meer.

War das Rennen abgebrochen worden und ein Privatfahrer unterwegs? Doch da tauchte ein Gespann auf.

Eine BMW war es nicht. Konnte es Steinhausen sein? War Luthringshauser ausgefallen?

Im Programm stand: Enders/Engelhardt und Luthringshauser/ Hahn starten als erste, zehn Sekunden drauf Vincent/Casey und Steinhausen/Scheurer, weitere zehn Sekunden später Schazu/ Kalauch und die Boret-Brüder.

Gut, Enders war nicht gestartet. Er hatte nur einen Motor und dieser hatte 500 ccm. Für das 750er-Rennen musste er aber mehr als 500 ccm aufweisen. Das Geld lag nicht auf der Straße. Die Dreiradfraktion hatte höhere Kosten als die Solofahrer, wegen der Fahrzeuggröße und den zusätzlichen Teilen. Die höchsten in der Rennszene, wenn man Werksfahrer außer Acht ließ. Dazu kam, dass Gespannfahrer niedrigere Siegprämien erhielten, als die Fahrer der 250er- und 500er-Klassen. Die Publikumswirksamkeit der Gespanne wollten die Veranstalter möglichst nicht zur Kenntnis nehmen. Es ging ums Geld – und da hörte bekanntlich der Spaß auf. Für Enders war der Lauf zur 500ccm-Weltmeisterschaft wichtiger als ein zusätzliches Rennen auf der Man, das keine Punkte einbrachte. So hatte er auf eine Teilnahme verzichtet.

Zeitgleich mit ihm hätte Luthringshauser losfahren sollen. Er rückte wegen Enders Startverzicht auf den ersten Platz vor. Vincent/Casey wären nachgerückt, hatten aber zurückgezogen, wie wir gerade aus dem Radio gehört zu haben glaubten.

Also musste Steinhausen zeitgleich mit Luthringshauser gestartet sein. War Luthringshauser etwa schon ausgefallen? Wir hätten besser Manx Radio bewusst zuhören sollen, als über andere Zuschauer zu feixen.

Es war Steinhausen, allein auf weiter Flur mit seiner 680er König.

Eine gefühlte Ewigkeit später drang das ersehnte Dröhnen eines Viertakters von unten aus Ramsey herauf.

680ccm-Zweitakt hatten ihren schieren Kraftüberschuss vor einem humpelnden 530ccm-Viertakter zur Schau gestellt. Manx Radio klärte uns auf:

Luthringshauser fuhr mit einem 530ccm-BMW-Motor. Da er nur einen Zylinder von seinem 560er einsetzen konnte, hatte er wenigstens diesen montiert. Er wagte das Rennen mit einem Zylinder des 500ers und einem des 560ers – ergibt 530ccm. Den Regeln war Genüge getan, mehr als 500 ccm.

Dem Antrieb hat das nicht ganz gefallen und so konnte Luthringshauser mit der Spitze nicht mithalten. Zudem fuhr er mit einer Unterschenkelprothese. Warmduscher konnte man ihn nicht nennen.

Steinhausen hatte in der ersten Runde einen neuen Rundenrekord aufgestellt. Trotz stehenden Starts. 98,18 mph – alter Rekord von Enders auf einer 560er BMW 96,86 mph.

Das war ein Batzen. Sollte die 100 mph-Grenze für Gespanne dieses Jahr geknackt werden? In Ramsey und bei uns am Gooseneck, ungefähr 41 Kilometer nach dem Start, hatte Steinhausen bereits einen Vorsprung von über zwanzig Sekunden gegenüber Schauzu. Am Bungalow, etwa acht Kilometer später hatte sich der Vorsprung auf neunundzwanzig Sekunden vergrößert.

Schauzu und die Boret-Brüder waren zehn Sekunden nach den beiden Ersten gestartet. Schauzu war an den Borets eine ganze

Weile nicht vorbeigekommen, bis diese nachgegeben hatten. Er hatte Luthringshauser schon überholt, aber nicht zu Steinhausen aufschließen können.

Um das Gooseneck hielt sich das Turnen der Beifahrer in Grenzen, da es für Rechtsausleger[1] zu gefährlich war. Die Kurve wurde möglichst eng genommen, dort war die Böschung im Weg. Linksausleger mussten nur das Hinterrad belasten. Außerdem waren alle gut beraten, umgehend eine liegende Position einzunehmen, da es ab hier eine ganze Weile Vollgas weiter ging.

Mit jedem Viertakt-Gespann erzitterte der Boden, was wir auf unserer Böschung gut spüren konnten.

Die Gespannfahrer waren in diesem Jahr die Helden auf der Insel, denn von ihnen war die Weltelite angetreten. Nicht so bei den Solomaschinen. Doch davon später. Bei fast jedem Gespann wurde applaudiert. Viele der Sitzenden erhoben sich dafür. Das waren Emotionen pur.

Schwärzel hatte Pech, er kam bei Braddan von der Straße ab und krachte in die Mauer – *hit the wall*, wie Manx Radio berichtete. Fahrer und Beifahrer kamen mit Schrammen davon. Das Gespann war hinüber.

Eine weitere schlechte Nachricht aus der ersten Runde: Wegener/Jacobson hatten einen Unfall bei Keromoar. Der folgende Bill Currie fuhr in die herumliegenden Teile und brach sich dabei den Fuß. Sein Beifahrer Ken Arthur pilotierte das Weslake-Gespann zum Start zurück.

Luthringshauser begann als vierter die zweite Runde. Bei Ballacraine hatte Steinhausen Schauzu schon im Kielwasser. Auf den letzten sieben Meilen hatte der neununddreißig Sekunden aufgeholt.

In der dritten Runde war das Königgespann noch auf dem zweiten Platz, zweiundfünfzig Sekunden hinter Schauzu. Am

[1] Beiwagen auf der rechten Seite des Motorrads

Guthrie‘s Memorial gab Steinhausens König endgültig auf. Schauzu fuhr seinem achten TT-Sieg entgegen.

Luthringshauser wurde mit einem Rückstand von drei Minuten vierzig Sekunden Zweiter. Zu dem Hubraumproblem hatte er noch falsch gepokert. Mit einen zu hohen Reifendruck und zu hart abgestimmter Federung holperte das Fahrzeug mehr als nötig über den Kurs.

BMW hatte über die Zweitakter gesiegt, denn auch die Borets stellten ihre König in Ramsey in der letzten Runde ab.

Die 100-mph-Genze war nicht geknackt worden. Uns war es egal, wir waren zufrieden mit dem BMW-Sieg. Der Bridge Inn wartete auf uns.

Am Abend frönten wir den Bieren und erzählten Rennerlebnisse und lauschten den Gruselgeschichten der Einheimischen, bis uns das Zelt in seine Einsamkeit rief.

Bei diesem Rennen hatte sich abgezeichnet, dass bei den Gespannen die Zweitakter über kurz oder lang die Viertakter ablösen werden. Der Anfang vom Ende einer Ära war unwiderruflich eingeläutet.

Dienstag, 4.6.1974 Production Race

Am Morgen wachten wir auf und spürten zum ersten Mal keine Nachwehen der Anreise mehr. Die Sonne schien. Der stets wehende und zur Insel gehörende Wind streichelte sanft über den Zeltplatz. Wir hatten uns an ihn gewöhnt. Das hieß trotzdem, oben in den Bergen Jacke überziehen.

Um halb elf fuhren wir beschwingt, da frei von Gepäck, von Laxey eine schmale Straße hinauf nach Creg-ny-Baa. *At the Keppel Hotel it's a good place to watch and you can get food.* Guter Beobachtungsplatz und Essen hörte sich passend an. Weit fahren wollten wir nicht, da der Kurs bereits gesperrt war und es somit schwierig war, zu nicht überfüllten Plätzen an der Strecke zu kommen.

Nach wenigen Minuten kamen wir in Creg-ny-Baa an. Die Straße hinauf war einspurig mit Ausweichbuchten und hohen Steinwällen an beiden Seiten, die von gelbem Gestrüpp überragt wurden. Um die Jahreszeit blühte der Ginster überall, wo die Einfriedungen die Landschaft durchzogen, kurz überall. Diese Wälle waren über die Jahrhunderte aufgebaut worden und teilten Grundstücke. Sie bestanden aus Material, das von den Wiesen und Feldern aufgesammelt und am Rande aufgetürmt worden waren. So führten Straßen und Wege oft durch regelrechte Schluchten. Selbst beim Fahren, auf den Fußrasten stehend, konnten wir oft nicht drüber sehen.

Die großen Wiesen hinter dem Keppel Hotel waren mit parkenden Motorrädern vollgepfropft. Wir stellten unsere BMWs ab und marschierten zur Strecke. Dort setzen wir uns auf die Böschung, ließen die Beine auf die Rennstrecke baumeln und warteten. Über Lautsprecher waren wir informiert, wo sich was abspielte. Der Start der ersten Fahrer ging gerade vor sich.

Production Race, dies wurde als einziges Rennen, nicht wie oben beschrieben gestartet, sondern klassenweise und mit Le Mans-Start. Das hieß, alle Motorräder standen schräg zur Fahrbahn auf einer Straßenseite. Die Fahrer nahmen auf der anderen, ihren Fahrzeugen gegenüber, Aufstellung. Mit dem Startschuss oder der -flagge liefen sie über die Straße, sprangen auf ihre Maschinen, ließen die Motoren an und fuhren los.

Drei Gruppe im Abstand von drei Minuten. Klasse bis 750ccm als erste, anschließend 500ccm, zuletzt 250ccm, jeweils vier Runden (242,8 km). So kam es zu mehr Mann-gegen-Mann-Kämpfen. Dies war auch für die Zuschauer interessanter. Im Serienmaschinenrennen waren Fahrzeuge mit Modellen am Start, die jeder bei Händlern beziehen konnte: BMW R75/5, R90, Norton Commando, Triumph Tritent, BSA Rocket 3, BSA B50, Honda CB750, CB500, CB250, Suzuki T500, Suzuki GT250, Velocette Thruxton, Yamaha YR5, Yamaha RD250, und eine Maico MD250. Es war ein buntes Treiben.

Aus den Hügeln hörte man den sonoren Sound der Viertakter. Kurz darauf tauchten sie oben bei Kate‘s Cottage auf und kamen mit Vollgas die Gerade den Berg herunter. Das Keppel Hotel lag an der Außenseite in einer 90-Grad-Kurve, welche die Fahrer nehmen mussten, um dann eine weitere Gerade bergab Richtung Douglas zu rasen. Hier war die ausschlaggebende Entscheidung, wann und wie viel bremsen. Zu früh verlor man Zeit und musste mühsam wieder Fahrt aufnehmen, zu spät, saß man in den Strohballen oder gleich im Hotel. Damals war das Gros der Kontrahenten noch mit Trommelbremsen unterwegs.

Ich war öfters an dieser Stelle als Zuschauer. Bis auf einen Fahrer hatten es aber alle gemeistert. Bei ihm sah ich die Streckenposten, die vor den Strohballen vor dem Hotel saßen, mit den Stühlen in der Hand aufspringen und zur Seite stürmen. Er schaffte es aber mit einem kleinen Schlenker Richtung Hotel, die Kurve zu nehmen.

Einer nach dem anderen kam. Eine Weile war Betrieb. Wenn Fahrer der Böschung zu nahe kamen, sah man, die Zuschauer wie auf Kommando ihre Beine anheben. Meistens blieb ein Abstand von mindestens einem Meter, dass sich die Turnübungen der Fans in Schranken hielten.

Hier war man nicht dabei, sondern mitten drin. Obwohl Zuschauer in der ersten Reihe Brotzeit machten und Getränke zu sich nahmen, sah ich nie, dass etwas auf die Fahrbahn rollte oder flog. Die Vorsicht der Fans war vorbildlich.

Die Pausen zwischen den Fahrerpulks und den Nachzüglern, die nicht so lang schien, wie bei den anderen Rennen, wurde mit Gesprächen unter Motorradfahrern oder Besichtigung der parkenden Fahrzeuge überbrückt. Ich weiß bis heute nicht, ob wir im Keppel Hotel Snacks bekommen hätten, oder ob das Personal geschlossen zusah.

Über Radio wurden wir auf dem Laufenden gehalten. Details sind mir leider entlaufen.

Sieger? Dähne? Butenuth? Wahrscheinlich ein Engländer.

Dank Presse und Aufzeichnungen weiß ich:

Production Machine Race 1.000 cc

1. Mick Grant – Yamaha

2. Hans Otto Butenuth – BMW R90

3. Helmut Dähne – R75/5

Wir waren zufrieden. Sollte doch ein Engländer oben auf dem Treppchen stehen. Dafür hatten wir zwei Deutsche drauf. Die Serienmaschinen 250ccm und 500ccm interessierten uns nicht, vielleicht weil sie das Rennen unübersichtlicher machten?

Weitere Rennen

Mittwoch, 5.6.1974 Senior TT

Die 500er-Klasse war die Jahre zuvor immer die Wirksamste beim Publikum gewesen. Da die Stars alle fern blieben, weckte sie nur noch bei den Briten und ein paar eingefleischten Fans Interesse. Aus Wettergründen wurde das Rennen mit fünf, statt der ursprünglichen sechs Runden abgehalten.

Kleines Detail, das es nur auf der Isle of Man geben konnte: Der Start verzögerte sich, da ein Lastwagen auf dem Kurs liegen geblieben war und erst weggeräumt werden musste. Er hatte nichts mit dem Rennen zu tun. Außerhalb der Veranstaltungen wurde die Strecke als Straße für den Alltagsverkehr genutzt. Schließlich war sie genau das, eine ganz normale Straße mit temporären Rennkursambitionen.

Freitag, 7.6.1974 Open Formula 750 Classic

Wieder einmal blieben Motorräder während des Rennens liegen, aus Spritmangel. Es gab Fahrer, die nicht einsahen, dass sie nach jeder Runde tanken mussten und keine zwei Runden schafften. Übrigens durfte nur an der Box getankt werden. Dort waren im Start-Ziel-Bereich neben der Rennstrecke aufgestellte Kanister, die aussahen wie große Blechflaschen. Aus diesen wurde durch einen dicken Schlauch das Benzin in die Tanks gelassen.

Wenn ich mich nicht allzu sehr täusche, kamen gerade die ersten Schnelltankvorrichtungen in Gebrauch. Bei dieser Art wurde die ganze Flasche direkt auf die Tanköffnung gesetzt.

Ich kann und möchte keine weiteren Details mehr zum Rest der Zeit ausplaudern. Sie ging in einen Alltag über. Die Rennen waren nicht mehr so prickelnd für uns.

Abreise

Während der Woche waren uns alle Wetterkapriolen vorgeführt worden. Von praller Sonne mit Sonnenbrandgefahr, über Nebel, Regen, Graupel konnte man alles an einem Tag mitbekommen. Schnee gab es nicht, der sei sogar im Winter selten.

Am Abreisetag meldeten wir uns für die Fähre um Mitternacht an. Das konnte man in Douglas im Hafenbüro, aber nur am Reisetag und in Person. Telefonisch ging gar nichts. Dieses persönlich erscheinen müssen war wahrscheinlich der Grund, wieso man in keinem Reisebüro oder auch nicht schriftlich bei der Reederei buchen konnte. Vielleicht nahmen sie nicht jedes Gesicht mit? Spaß beiseite! Warum ging das nicht in Liverpool? Vielleicht hatten sie Angst (oder Erfahrung), dem Ansturm nicht gewachsen zu sein? Oder wegen des *Enttank-Procederes*?

Es war dunkel, als wir hoch bepackt an der Fähre ankamen. Sie stand bereits unter Dampf. Eine gesittete Schlange von Motorrädern hatte sich gebildet. *Queuing* war Volkssport in Großbritannien. Ich konzentrierte mich auf die stehenden Motorradfahrer und überquerte spitzwinkelig im Schritttempo einen durchgezogenen gelben Strich auf dem Asphalt.

Bums, lag ich da. Nicht ganz so schlimm. Ich brachte zwar meinen Fuß noch auf den Boden, konnte aber wegen des Gewichts des Motorrads und der Ladung das Gefährt nicht halten. So kippte die Fuhre auf die Seite. Kein technischer Schaden, aber ein Schreck für mich.

Nachdem wir die Fuhre wieder aufgestellt hatten, sahen wir die Ursache des Sturzes. Die Linie auf der Straße war keine Linie, sondern ein zehn Zentimeter hoher Randstein, der an der Seite und der Fläche oben die gleiche gelbe Farbe aufwies. Durch die orange Straßenbeleuchtung und deren Position, die keine Schatten ermöglichte, sah der Bordstein wie ein Strich aus. Dass auch die Teerfläche danach erhöht war, war nachts nicht ohne Weiteres zu erkennen.

Bis wir auf der Fähre waren, hatten wir genug Gesprächsstoff mit den Umstehenden. Wir waren nicht die Einzigen, welche die Gefahr nicht erkannt hatten. Die anderen hatten nur mehr Glück und vielleicht leichtere Motorräder. Mehrere erzählten, dass sie ihr Fahrzeug gerade noch abfangen konnten.

Als wir auf dem Schiff einen in Uniform ansprachen, sagte er uns, dass der Hafen umgebaut und dann die Gefahr beseitigt werden. Ein Hinweisschild hätte es bis dahin getan. Dachte bloß keiner dran. Wahrscheinlich bis etwas Schlimmeres passierte. Vielleicht aber auch nur, weil der Rechtsweg nicht wegen jeder Lappalie beschritten wurde.

In Liverpool angekommen, steuerten wir zuerst Gus Kuhn an, dem größten britischen BMW-Händler, um ein Ersatz-Kupplungsseil zu besorgen, war aber geschlossen. Wir wollten nicht warten, bis deren Pause zu Ende war und fuhren ohne weiter. Der beschädigte Chromring der Lampe konnte bis zuhause die Welt ansehen. Wer wusste, was bis Kopenhagen und zurück in die Heimat sonst alles passieren könnte.

Zur dänischen Hauptstadt: Es war weithin.

Auf der Fehmarn-Brücke waren nur 60 oder waren es 80 km/h, erlaubt. Warum, erfuhren wir schnell. Dort oben wehte es so stark, dass man die Geradeausfahrt in Schräglage absolvieren musste. Wobei der Wind angeblich nicht mal so stark blies.

Warum die Firma Höltl in Deutschland nicht mit Schlafanhänger am Omnibus fahren durfte, bekamen wir bald mit. Kein Wind. Wir fuhren auf der Landstraße – Autobahn gab es in

Dänemark noch nicht – und näherten uns von hinten einem Höltl-Bus mit besagtem Anhänger. Beim Näherkommen sah ich schon, dass er mehr als seine Fahrspur benötigte. Das Anhängsel tanzte wie ein Kuhschwanz. Eine Weile blieben wir dahinter. Wir hielten ein Überholen zu gefährlich. Bei Gegenverkehr nahm der Busfahrer das Gas weg, so lief der Anhänger in Linie hinterher. War der Bus wieder ohne, beschleunigte der Fahrer.

Irgendwann wurde es uns zu bunt. Als der Hänger nach rechts ausschwenkte, fuhr ich links vorbei, beim nächsten Schwenker der zweite von uns und dann Max II.

Kopenhagen-Erinnerungen Fehlanzeige, außer an den Tivoli-Besuch und die Fußgängerzone mit den einschlägigen, freizügigen Geschäften. Ich weiß nicht einmal mehr, in welchem Hotel wir übernachteten. Irgendwo im Zentrum.

Wir kamen gesund und ohne Vorkommnisse in die Heimat zurück.

Gedanken zur Gefährlichkeit des TT-Kurses

Die öffentlichen und internen Diskussionen darüber hatten nicht nachgelassen. Die Renntoten konnten nicht ignoriert werden. Der WM-Status der Rennen war gefährdet. Die Topfahrer blieben der Insel fern. Es war ihnen zu gefährlich, ihr Leben zu riskieren, entlang an Mauern und Straßengräben, über Fahrbahnmarkierungen, Gullys, wechselndem Belag, Randsteinen und eine eventuell querende Katze. Nur die Gespannfahrer machten vorerst noch eine Ausnahme. Sie kamen aus einer anderen Welt. Hier stand die persönliche Herausforderung, diesen Kurs zu meistern, im Vordergrund. Sicher fuhren sie um den Sieg, aber mindestens im gleichen Maße gegen ihren inneren Schweinehund. Was ich damit meine, ist im Absatz Gespannrennen 750 über Heinz Luthringshauser erwähnt. Die Gespannfahrer, die ich kannte, waren aus ähnlichem Holz. Sie begannen leider auszusterben. Dies ist nicht im tödlichen Sinn gemeint. Sie hatten ein Alter erreicht, in dem für sie das Aufhören in greifbare Nähe gerückt war.

Wer von den jungen Fahrern konnte schon den Verlauf einer Rennstrecke im Kopf behalten, bei der eine Runde 60,7 Kilometer betrug und die er nur drei oder viermal je Rennen zu meistern hatte. Zudem verzieh die Strecke keine Fehler und bewies dies manchem Heißsporn. Hier war Köpfchen genauso gefragt wie körperliche Fitness und Mut. Sicher spielte auch Glück, Unglück, Zufall und Schicksal eine Rolle. Aus der Mischung resultierte der Erfolg oder Misserfolg.

Auf den neu entstandenen Rundkursen waren die alten Tugenden nicht mehr das Ausschlaggebende. Auslaufzonen machten alle Kurven bestens sicher.

War es nicht ebenfalls gefährlich, in einer Stadt die Straße als Fußgänger zu überqueren?

Rennen, wie das der Isle of Man, Nürburgring (Nordschleife) und Rijeka waren stark in der Kritik. Es war eine Zeitenwende im Motorrad-Straßenrennsport. Die Gefährlichkeit der Pisten war nicht das Hauptproblem. Man hätte ja im alten Umfeld angepasst fahren können. Stattdessen wurde vor allen Dingen durch die Presse, der Geschwindigkeitswahn gepuscht. Nicht mehr der Fight Mann gegen Mann stand im Vordergrund, sondern neue Rundenrekorde und gefahrene Schräglagen.

Es gab beide Denklager und es war abzusehen, dass sich über kurz oder lang die alte Rennphilosophie abgelöst werde. Zu den Folgen des Wandels gibt es was im Kapitel: Was sonst noch so geschah.[1]

Niedrige Preisgelder auf der Insel taten ihr Übriges, Topfahrer fernzuhalten. Diese Gelder reichten in den seltensten Fällen, die Reisekosten zu decken, geschweige die anderen, die der Rennbetrieb mit sich brachte.

---

[1] Seite 149

Sonstiges

News aus *MotorCycle* vom 8. Juni 1974

- Charlie Willams stürzte bei Quarter Bridge am Freitag beim Training mit seiner 395er Yamaha, da Benzin aus einer defekten Schwimmerkammer leckte. Er rappelte sich wieder auf, fuhr mit dem örtlichen Tierarzt zurück zum Fahrerlager und setzte mit der 250er Yamaha von John Williams sein Training fort.
- Jack Findlay, ein eigentlich ruhiger Fahrer, beschwerte sich heftig bei der Rennleitung, dass am Donnerstag (vor dem Rennen) beim Training 125 ccm und 500 ccm zur gleichen Zeit auf der Strecke fuhren. Dies sei sehr gefährlich, da die 500er teilweise mit einer um bis zu 160 km/h höheren Geschwindigkeit als die 125er unterwegs waren. Irgendwie verständlich. Solche Gedankenlosigkeiten gab es auch anderswo.
- Jack Findlay sagte über den Kurs, die beiden langen Geraden seien das Schwierigste gewesen, nicht die Kurven. Die Fahrbahnunebenheiten seien das Problem. Es funktioniere nicht, sich wie gewohnt hinter die Verkleidung zu kauern. Er hatte seine Knie am Tank anpressen müssen. Der Lenker schlug bis an den Tank aus, die Gabel hatte oben und unten durchgeschlagen. Das Hinterrad sei herumgehüpft und habe ihn aus dem Sattel gehoben. Richtig sehen sei wegen der Springerei kaum möglich gewesen.

Das bei einer Geschwindigkeit von 250 km/h und mehr (meine Anmerkung).

Aus dem Programmheft

Im offiziellen Programmheft hieß es auf der Seite 5 im Zeitplan: *Mittwoch, 5. Juni, ungefähr 14:00 Uhr, 50ccm Weltmeister-*

schaft mit 6 Runden (364,2 km) statt 500ccm WM. Die hätte ich sehen wollen. Bei diesem Kurs hätte jede 50er den Geist aufgegeben.

Elefantentreffen 1975

Bei der Fahrt (14. bis 16.2.1975) waren wir eine der größeren, von uns aufgestellten Truppen. Kurz vor Tagesanbruch (6:30) Abfahrt. Jeder ließ seine Freitagsarbeit ausfallen, wegen ist nicht. Er nahm Urlaub. Er ist gerechtfertigt, da wir nur Männer waren. Es ging ja nicht um eine Kaffeefahrt. Wobei, ein weibliches Wesen hätte es sicher gegeben. Doch die durfte nicht. Ihr Bruder wollte auf seiner BMW kein Kind mitnehmen. Oder hatte sie damals schon ihre Kreidler? Das hätte ihr auch nichts genützt. Ein Kleinkraftrad passte nicht zum Reisetempo von BMWs und war auch nicht einer 125er Zündapp ebenbürtig. Es wäre schlichtweg zwei Klassen zu gering gewesen.

Wir fuhren los. Wie auf Befehl setzte starkes Schneetreiben ein, ideales Elefanten-Wetter. Bereits kurz nach dem Ortsschild am Wolfratshauser Berg lief Hubers R51 nur noch auf einem Zylinder. Für die elf Kilometer bis Baierbrunn brauchten wir fast eine halbe Stunde. Dort holten wir meinen Schwager mit seiner Zündapp ab und entledigten die Zündkerzen der Huber-BMW ihrer Blechummantelung. Weiterfahrt 7:30 Uhr.

Nachdem wir München durchquert hatten, trafen wir an der Autobahnauffahrt nach Stuttgart auf Grünmann (R75/5, der mit der Schwester) und Rupert (R27). Inzwischen war sich der Herr dort oben nicht mehr so sicher, ob er es regnen oder schneien lassen sollte.

Wir pflügten das Wasser auf der Autobahn München-Stuttgart. Gut ausgerüstet und warm verpackt konnte uns das Wetter mal.

Das stimmt so nicht ganz. Zwar war ich warm eingemummt, aber mein Motorrad nicht. Wegen deen Seen auf der Fahrbahn konnten wir nur mit maximal 100 km/h fahren. Einen Lastwagen zu überholen dauerte. Mehrmals musste ich Überholvorgänge abbrechen. Warum?

Die von den Lkw-Reifen hoch geschaufelten und seitwärts ausgeschütteten Massen von Spritzwasser waren so viel, dass sie die Zündkerze am rechten Zylinder ausbliesen. In den Vertiefungen des Kerzenlochs stand das Wasser. Der Motor war zu kalt, um es verdampfen zu lassen. Lauwarm taugte der Zylinder nicht einmal, um die Hände zu wärmen. Ich musste mehrmals auf den Seitenstreifen. Übrigens die anderen auch – zum Warten.

Primär galt es, die hintere Seite seines Körpers nicht allzu weit auf die Fahrbahn zu strecken. Die Autobahn war zweispurig mit einem Seitenstreifen, der oft nicht einmal Motorradbreite hatte. Daneben eine Leitplanke oder ein Graben, beides unüberwindbare Hindernisse mit unseren Gefährten, vor allem bei diesem Wetter. Mehrmals donnerten Lkws im Abstand von weniger als einem halben Meter an uns vorbei. Wir mussten Acht geben, dass wir nicht vom Sog umgerissen wurden oder mit den Regencombis an einem Brummi hängen blieben. Irgendwie war das Leben damals gefährlicher als heute.

Kerzenstecker runter, eingesprüht. Reserve und Spray durften mit, da wir mit elektrischen Problemen gerechnet hatten, allerdings nicht an meiner R75.

Also, Kerzenstecker runter abgetrocknet, eingesprüht und wieder drauf. Manchmal musste der Reserve-Stecker aus der Wärme der Brusttasche und sein zu nasser Freund kam an seinen Platz. Anlassen. Weiter. Bis zum hoffentlich nicht nächsten Lkw. Bis Augsburg wiederholte sich das Spiel an die zehnmal. Dann wurde es mir zu bunt.

Sch.. auf deutsche Wertarbeit! Ich hatte, wie Huber, die Original-Kerzenstecker drauf. Also auch bei meiner BMW Blechmantel runter und auf Japan-Standard umgerüstet. Dick Siliconspray drüber. Und siehe da: Die Stopps gab es nicht mehr. Zugegeben, der Regen hatte nachgelassen. Somit stand das Wasser nicht mehr auf der Fahrbahn und die Lkws schaufelten nicht mehr, sondern sprühten nur noch.

Zur Erinnerung, ich rede von Winter und einer Temperatur von knapp über null.

Wir hatten schon viel Zeit verloren und erhöhten unser Reisetempo. Für kurz, wie sich herausstellen sollte. Bei Burgau gab die R51 den Geist auf. Die Fahrbahn ging bergab. Wir sahen die Tankstelle schon. Mit letzter Kraft schleppte sich die Maschine zur Ausfahrt.

Wir begutachteten den Schaden. Das Hinterrad drehte sich nun gar nicht mehr. Wir entleerten den Tank und füllten damit meine BMW und die von Günter, sozusagen als Fahrkostenbeitrag.

Die R51 blieb zurück. Der Tankwart stellte sie in eine Garage. Somit war sie dem Zugriff anderer entzogen.

Wo sollte der Huber nun mitfahren. Grünmann hatte auf seiner R75 Platz für Person und Gepäck, aber unser nun Motorradloser wollte lieber bei mir hinten rauf. Er konnte sich ausbreiten und war durch mich, die Vollverkleidung und die Seitenkoffer am meisten gegen Widrigkeiten geschützt. Inzwischen hatte sich herausgestellt, dass seine Winterkleidung nicht so optimal war. Wir anderen trugen Pullover, Leder- und Regenkombis, waren winddicht eingehüllt. Nur an den Fingern spürten wir die Kälte, jedoch erträglich dank Regen- über den Wollhandschuhen. Und was hatte der Huber? Außer seiner natürlichen Isolierschicht, normaler Winterkleidung und einem Ledermantel aus den 30er Jahren, nichts. Dieser Mantel zeigte nach derartigen Mengen Wasser Schwächen und wog fast so viel wie …

Ich nahm den Passagier auf und weiter ging es. Umgehend stellte sich heraus, dass wir physikalische Gesetze in die Entscheidung einbeziehen hätten sollen. Physik, Hebelgesetz!

Mit meinen 56 kg plus Kleidung belastete ich das Motorrad zwischen den Achsen. Huber mit Mantel hatte das doppelte meines Gewichts. Dazu kam das des Gepäcks auf dem Gepäckträger und in den Koffern. Die BMW war schwer steuerbar und reagierte auf Längsrillen in der Fahrbahn empfindlich. Wenn ich ein bisschen beschleunigte, hatte das Vorderrad kurzfristig keinen Kontakt mehr zum Boden.

Ich winkte die Truppe am nächsten Parkplatz hinaus. Dort wurden die Lasten neu verteilt. Das hieß, Huber und Grünmann bildeten nun ein Team. Die hatten wenigstens ein ähnliches Lebendgewicht.

Eine Raststätte weiter gabelten wir Rupert mit seiner R27 auf, den wir vorausgeschickt hatten, um ein bisschen schneller fahren zu können und nicht noch mehr Zeit zu verlieren. Wir machten Brotzeit und diskutierten, ob diese Fahrt richtig sei, denn es setzte wieder dichtes Schneetreiben ein.

An den Alb-Steigungen fiel die R27 bis auf 60 km/h zurück. Nach dem Aichelberg wurde es schlagartig mindestens fünf Grad wärmer und die Straße trocken. Es ging zügig voran.

Und was gab es sonst noch? Aus den Aufzeichnungen:

Rupert (R27) musste den Auspuff befestigen. Karlsruhe Irrfahrt dank tanken. Aufholjagd mit 180–190 km/h, nach ca. dreißig Kilometer wieder vollzählig. Fahrt bis zum Ring ohne Schwierigkeiten. Die R27 ging 120 km/h.

Als es zu dämmern begann, übernahm ich den Huber, da er hinten drauf bei Grünmann zu sehr fror. Es war ja nicht mehr weit. Regen setzte ein. Ich blieb stehen, um den Dampf von meiner Brille zu wischen. Die anderen und ich verloren uns aus den Augen. Jeder wollte nur noch ankommen und absteigen.

Es war bereits dunkel. Tausende von Motorradfahrern, Lagerfeuer, Motorrädern, neugierigen Leuten – wo war unser Rest? Übrigens, damals gab es kein Handy.

Ich stellte die BMW bei Start und Ziel ab und wir erkundeten zu Fuß das Terrain. Wir stiegen wieder auf und versuchten mit der erhöhten Übersicht zum Erfolg zu gelangen.

Aus meiner Aufzeichnung: *Sepp fuhr, ich stand hinten auf den Fußrasten. Scheißgefühl auf dem Schnee.*

Da entdeckte ich Regensburger Kennzeichen. Wir hatten uns unterwegs getroffen und hier verabredet.

Ich stieg ab. Huber, der keine Verkleidung gewohnt war, stellte sich beim Absteigen irgendwie an. Und schon lag die voll bepackte BMW auf dem Zylinder. Weiter nichts passiert. Beim Aufstellen wurde jedoch zu viel Druck auf die Schale ausgeübt, dass die Scheibe brach. Erste Fahrt mit der Verkleidung, erster Schaden.

Wir gingen inspizieren. Als wir zurückkamen, war auch die R27 und die Anderen angekommen. Wir waren vollzählig.

Es war kalt. In der Eifel lag auch tagsüber Schnee. Wegen der Temperaturen taute es nicht. So blieb uns der Sumpf des letzten Jahres erspart und wir weitestgehend sauber. Die zwei Nächte ohne große Morgenwäsche, nur Zähneputzen waren trotzdem eine Erholung gegenüber dem Vorjahr.

Nachdem wir unsere Zelte aufgestellt und das Dosen-Abendessen am Lagerfeuer beendet hatten, ging es zum gemütlichen Teil über. Für die innere Wärme sorgte etwas mit Prozenten. Müde gingen wir bald schlafen.

Ich teilte mit meinem Schwager ein Zweimann-Zelt. Irgendwie war die Luft darin zu stickig gewesen oder ich neugierig, was um uns geschah, jedenfalls erwachte ich am Morgen und konnte meinen Kopf kaum bewegen.

Jetzt sagt wahrscheinlich jeder: Das liegt an den Getränken des Vorabends. Falsch, Freunde. Vielleicht ein bisschen. Der Hauptgrund war: Die Haare waren draußen am Boden festgefroren. Ich hatte damals noch längere, schulterlang war bei vielen Jugendlichen nichts Ungewöhnliches. Die heutige Jugend kann sich ja Bilder der Eltern oder Großeltern aus den 60ern und 70ern ansehen.

Jedenfalls wurde ich mit warmen Wasser aus der misslichen Lage befreit. Was gab es noch?

Die Ansprache vor der Fahrt um den Ring begann wie immer: *Meine lieben tausend Freunde ...* Die Fahrt um den Ring in gemäßigtem Tempo verlief bis auf wenige Ausnahmen in geregelten Bahnen. An diesem Abend wurde nichts getrunken, da wir am nächsten Tag eine Strecke von 550 Kilometer Heimfahrt hatten.

Die Nacht war noch kälter. Deshalb behielt ich den Kopf im Zelt und schloss den Eingang.

Am nächsten Morgen waren unsere BMWs nicht zum Anspringen zu bewegen. Die Batterien machten schlapp. Man spürte den Widerstand des Öls im Motor. Nicht einmal Fremdstarten und Startspray halfen. Unser Zündapp-Fahrer hatte dafür nur ein mildes Lächeln übrig.

Was macht der Cowboy in so einem Fall? Er geht ans Lagerfeuer und holt sich ein glühendes Scheit Holz und platziert es unter dem Motor. Dabei mussten wir wachsam sein, dass die Hitze nicht zu groß wurde und die Ölwanne platzten ließ. Nach annähernd einer Stunde, inzwischen hatte auch die aufgehende Sonne etwas dazu beigetragen, konnten wir mit Starthilfe unsere Motorräder zur Abfahrt überreden.

Denn Tag über war es trocken und angenehm warm, verglichen mit den letzten beiden Tagen. Vielleicht war das Rheintal doch wärmer als die Eifel?

Kurz vor Karlsruhe rächten sich die frotzelnden Bemerkungen des Zündapp-Fahrers. Für uns war es keine Genugtuung.

Kolbenfresser. Wegen des ständigen Windschattenfahrens? Geistesgegenwärtig schnelles Ziehen der Kupplung und Glück, dass der Kolben nicht festblieb, verhinderten einen Sturz bei hundertdreißig.

So, die Kompression war weg und wir noch eine halbe Tagesreise von zuhause. Zum Glück war die nächste Tankstelle nur ein paar Kilometer entfernt. Glaubt jetzt ja niemand, dass wir das Fahrzeug geschoben hätten. Abwechselnd fuhren wir neben der Zündapp her und schoben den Fahrer. Um genauer zu sein, die Beifahrer auf den Motorrädern taten dies am Rücken des Geschädigten. Einhändig fahren und schieben empfanden sogar wir als zu abenteuerlich.

An der Raststätte gingen wir nach einer nochmaligen Diagnose zuerst einmal Essen. Klapene rief zuhause an und verabredete, dass wir die Zündapp bis zum Aichelberg schleppen und er dort von seiner Angetrauten mit dem Abschleppwagen in Empfang genommen werde. Der Aichelberg müsste in etwa der zeitlichen Mitte entsprechen. Gesagt, getan. Wir kauften uns ein Abschleppseil und fuhren bei Sonnenschein durch das Rheintal, an Stuttgart vorbei bis zum Parkplatz am Aichelberg. Nach einer halben Stunde Warten kam das Abschleppfahrzeug.

Wie schleppt man ein Motorrad über eine so große Entfernung ab? Ich sag es, aber mit dem Zusatz:

BITTE NICHT NACHMACHEN!

Nachdem sich herausgestellt hatte, das die erlaubte Art am Ende einen vier Meter langen Arm hervorgebracht hätte, stellten wir um.

Erlaubt war ein Abschleppen mit dem Seil, festgebunden am ziehenden Fahrzeug. Der Abgeschleppte musste das Seil in der Hand halten, und zwar so, dass er es jederzeit loslassen konnte. Gibt einerseits Sinn im Notfall, andererseits, wie soll man einhändig fahren und bremsen?

Theoretiker!

Diese Art war bereits auf dem Gelände der Raststelle verworfen. Wir befestigten das Abschleppseil am Gepäckträger meiner BMW (schließlich ging es um meinen Schwager) und das andere Ende am Lenkkopf der Zündapp. Um Einwänden vorzubeugen, das Seil war aus Hanf, kein Stahlseil.

So fuhren wir wieder auf die Autobahn. Der Abstand zwischen den beiden Motorrädern betrug eine gute Motorradlänge. Um die Aufmerksamkeit nicht allzu sehr auf unser gesetzwidriges Verhalten zu lenken, vor allen Dingen, wenn doch einmal eine Polizei vorbeikommen sollte, wurde die Lücke abwechselnd mit einem links davon Fahrenden verdeckt.

Zuerst schleppte ich mit 120 km/h und nachdem es dem Gezogenen irgendwann zu schnell war, ging es mit 90 km/h weiter.

Die anderen fuhren nach einiger Zeit zusammen ohne uns beide nach Hause. Klapene und mir war es inzwischen egal, ob wir gesehen wurden. Hatte bis jetzt auch niemand geschaut.

Gesamt-Kilometer: 1.260.

Jahre danach spöttelten wir noch darüber, dass die Zündapp nie schneller gefahren sei, als in dieser Situation.

Ich muss klarstellen, dass der Verkehr nicht so schnell war wie heute, und die Egoisten unter den Verkehrsteilnehmer – wenigstens auf Autobahnen – noch sehr dünn gestreut waren, im Gegensatz zu meinem heutigen Eindruck.

Trotzdem: Nie nachmachen! Und das nicht nur, weil es verboten ist, sondern schnell Kopf und Kragen kosten kann – im wörtlichen Sinn!

Warum fällt mir zum Nürburgring keine Sommerfahrt ein? Er blieb bis heute eine reine Winterangelegenheit. Ich kann mich nicht erinnern, jemals zu einem Rennen dort gewesen zu sein. Vielleicht überlege ich es mir ja noch einmal anders. Wer weiß?

Zürich 1975

Dort fand am 1. und 2. März 1975 eine Motorrad-Ausstellung statt. Dort musste ich hin. Also die R75 aus der Garage und über Füssen nach Zürich. Fünf Stunden Fahrt.

Kurz vor Sonnenuntergang angekommen suchte ich erst einmal eine Stunde nach der Ausstellung. Allzu bekannt schien sie nicht zu sein. Was drinnen los war, weiß ich nicht. Wir wollten am nächsten Tag hinein. Grünmann und ich waren um 18:00 Uhr am Eingang verabredet, um gemeinsam ein Zimmer für die Nacht zu suchen.

Wer erschien nicht? Grünmann.

So beschloss ich, um 19:00 wieder heimzufahren. Diesmal über Memmingen. Die Zeit vertrieb ich mir dabei mit einem Sechs-Zylinder-BMW als Kontrahenten und Geschwindigkeiten zwischen 140 und 180 km/h. In der Nacht merkt es ja keiner.

Als ich heimkam, war meine Frau im Kino. Woher sollte sie auch wissen, dass ich heute noch zurückfahre.

Gesamtstrecke: 670 km.

IoM 1975

Ein Jahr war vergangen, als die nächste Isle of Man anstand. Meine Mitstreiter aus dem Vorjahr hatten den Rummel schon gesehen und passten. Einen Ersatz zu finden, war nach meinen Schwärmereien kein Problem.

Diesmal waren wir zu viert, bzw. zu siebt. Vier im Bridge Inn in Laxey und Rupert, späterer Kompagnon bei BS motor, mit Frau und Sohn mit einer 250er BMW auf dem Campingplatz, auf dem wir im Vorjahr waren. Da sein Steib für die Reise zu klein war bei drei Personen und Gepäck, lieh ich ihm meinen LS500. Der untaugliche war, glaube ich, ein 200er Steib. So kam mein Beiwagen wenigstens einmal auf die Insel. Ein IoM-Aufkleber ist heute noch drauf.

Für alle, die es nicht glauben. Es ist möglich auf der Straße und mit der Fähre mit einer BMW 250 mit montiertem 500er Steib mit drei Personen und Campingausrüstung innerhalb von vierzehn Tagen auf die Isle of Man zu fahren, die Rennen anzusehen und wieder zurück in den Süden Münchens. Allerdings nicht mit uns, sondern separat.

Wermutstropfen für uns andere, wir mit den 750er BMWs mussten auf eine CB350Four Rücksicht nehmen. Also blieb Vollgas bis Ostende ein Wunschtraum.

Die Little Four wurde nur mit dem Fahrer belastet. Auf Herberts R75 fuhr Norbert mit, der damals in Süd-Afrika arbeitete und auf Urlaub in Deutschland weilte. Mein erprobtes Packpferd durfte zusätzlich einen Teil des Gepäcks der anderen mitnehmen. Mein Eigentum befand sich in den Krauser-Koffern und dem Top-Case. Die Segeltuchtasche mit den Sachen der Mitstreiter quer hinter mir Teil war kein Hindernis für mich. Ich hatte wesentlich mehr Platz, als im Vorjahr, als ich die Zeltausrüstung für drei Personen mitführte. Neu war, dass ich durch eine Vollverkleidung am Motorrad gegen schlechtes Wetter geschützt war.

Als erfahrener Hase mit einem Tank-pumped-out-Aufkleber auf der Verkleidung war es keine Kunst, die anderen von einer Wiederholung meines Erlebten im Vorjahr abzuhalten. Wir fuhren nicht auf der Landstraße quer durch Frankreich, sondern Autobahn München – Ostende, hatten gemütliche vier Stunden Ruhezeit auf der Fähre und dann die paar Kilometer nach Liverpool.

Da wir erst gegen elf Uhr des folgenden Tages an der nächsten sein mussten, steuerten wir um Mitternacht ein Hotel unweit der Auffahrt zur M1 im Norden Londons an. Dort übernachteten wir. Die ungemütlichere Alternative wäre gewesen, in Liverpool sinnlos im Hafen zu warten. Ja, ich erwähnte es bereits, an besagter Abzweigung zur North Circular Road war ich wieder vorbeigefahren, diesmal aber nur einmal.

Am nächsten Morgen zeigte das englische Wetter, was es so drauf hatte. Es war mehrere Grade kälter und regnete – bis Liverpool. Dort erwarteten uns deutlich höhere Temperaturen und scheinheiliges Blau über uns als Fingerzeig: Ihr seid gleich im Himmel.

Vorabreservierungen für die Überfahrt hatte es immer noch nicht gegeben. Aber ich wusste die ungefähren Abfahrtszeiten.

Um mich zu ärgern hatte irgendjemand beschlossen, das Fährkontingent zu verdoppeln. Die Fähren aus der Irischen See, die nicht gerade anderweitig auf ihren Linien unterwegs waren, wurden alle für die Fahrt Liverpool – Douglas eingesetzt. Offensichtlich hatten die Verantwortlichen aus dem Desaster im Vorjahr gelernt. Dort waren die letzten Passagiere erst am

Montag angekommen. Erster Renntag wäre der Samstag davor gewesen. War er aber nicht, wegen des Wetters.

Anstellen, Tank auspumpen und auf die Fähre fahren, gingen schnell. Die Organisation war diesmal organisierter. Insgesamt verbrachten wir in Liverpool etwas über zwei Stunden. Nachdem ich dem netten jungen Mann an der Pumpe erklärt hatte, dass ich den Schlauch selbst in den Tank halten könne, ließ er mich. Andere durften das nicht. Vielleicht weil ich vertrauenerweckender aussah? Weil ich Deutscher war? Oder weil der Tank-pumped-out-Aufkleber aus dem Vorjahr noch auf meinem Motorrad prangte?[1]

Ein Schieben des Fahrzeugs wegen leeren Benzinbehälter auf und von der Fähre wollte ich vermeiden. 1974 hatte ich Betroffene gesehen, deren Tanks restlos leer waren. Wie gesagt: Alter Hase.

In Laxey, dem Ort, in dem ich im Vorjahr gewesen war, übernachteten wir in der Wirtschaft *Bridge Inn*. Sie hatten 1974 Bed&Breakfast angeboten, aber nichts mehr frei gehabt. Die Übernachtung für dieses Mal hatte ich vorsorglich vor Ort schon damals eingefädelt.

Verpflegung, fest und flüssig, ließen nichts zu wünschen übrig. Manch Einheimischer erinnerte sich an mich und so gehörten wir am ersten Tag wieder Inventar.

Wir vier hatten unsere Bleibe. Rupert mit Frau und Kind waren mit dem Gespann schon vorher am Campingplatz im Ort angekommen. Sie hatten bei der Abfahrt eine Woche Vorsprung gehabt. Also los.

Zu den Rennen fuhren wir meist hinauf zum Keppel Hotel und einmal zum Parliament Square in Ramsey. Dort fanden wir es ätzend. Wir mussten stehen – wie alle anderen auch, ausgenommen die Profis, die hatten Klappstühle dabei. Da waren die Sitzplätze am Gooseneck und Keppel Hotel auf der Böschung doch wesentlich gemütlicher. Ramsey Hairpin schien meinen Mitfahrern bei der Besichtigung zu langweilig, da sie befürchteten,

[1] Hintergründe sind im Kapitel IoM 1974 beschrieben

dass die Fahrer in die unteren Gänge schalten mussten und keine Äktschn entstehen würde.

Das Wetter spielte die ganze Woche mit.

An einem rennfreien Tag fuhren wir zu einer Motocross-Veranstaltung kurz vor Castletown im Süden der Insel. Dort konnte man von den Hängen die komplette Strecke einsehen und wusste, wer vorne lag. Viele nutzen den freien Eintritt.

Der diesjährige Aufenthalt war meinerseits nicht mehr von der Neugierde auf die Rennen geprägt. Ich bevorzugte das *Tourist* aus dem Namen der TT und hatte Entspannung als Prämisse ausgegeben. Nicht jedes Rennen oben in den Bergen sah mich.

Ja, was ist sonst noch erwähnenswert von dieser Fahrt, außer dass alles reibungslos verlaufen ist?

Von wegen *reibungslos*. Auf der Fähre von Ostende nach Dover gab es bei der Hinfahrt einen Zwischenfall.

Auf einem oberen Deck war ein Raum mit Spielautomaten. Diese waren in England von keinem Strand-Ferienort und kaum einer Fähre wegzudenken. Wir sahen den Zockern zu, wie sie Penny um Penny in den Rüttelmaschinen versenkten. Wir fieberten mit und waren genauso überzeugt, wie die Spieler, dass mit der nächsten Münze ein ganzer Stapel herunterfallen werde. Für meine Tourteilnehmer war dies etwas völlig Unbekanntes. Bei uns in Deutschland gab es die Art von Amüsement nicht.

Das Schiff schwankte leicht, als es durch die Wellen stapfte. Bei den anderen machte sich ein Unbehagen in der Magengegend bemerkbar. Da ich zehn Jahre zuvor bei der Seefahrt gewesen war und mir schon in der Elbmündung vor Brunsbüttel die Seele aus dem Leib gek…. hatte, war ich dagegen gefeit. Bereits das leichte Rollen hatte 1965 meinen Körper überfordert gehabt. Später machte mir nicht mal Windstärke zwölf etwas aus. Angeblich wird man nur einmal seekrank. Bei mir hatte das gestimmt. Auch im Jahr 1974 hatte ich keinerlei Beschwerden.

Ich amüsierte mich gerade über die Leidenden und tröstete sie, dass wir in einer halben Stunde anlegen würden und die Insel sicher nicht schwanke. Aber man weiß ja nie.

In diesem Augenblick kam eine Durchsage auf Deutsch und dann noch mal in Englisch. Der Fahrer mit dem Kennzeichen WOR-V 174 möge bitte in den Laderaum kommen. Damit war ich gemeint. Wir feixten noch, dass die Luke aufgegangen sei und mein Motorrad hinausgefallen sei. Schließlich war es in der letzten Reihe im Heck des Schiffes verstaut. Was war los?

Als ich im Laderaum angekommen war, empfing mich keiner von der Ladecrew, sondern ein Offizier in Uniform und deutete auf mein Motorrad. Es lag angelehnt an der Schiffswand. Sie hatten es schon wieder aufgestellt.

Schaden: Loch im Ventildeckel, Rückspiegel mit Halter abgebrochen, Vollverkleidung hatte einen Riss im Lack und war verschoben. Die Verkleidungsscheibe war gesplittert und der rechte Koffer war verschrammt, sah aus wie ein Riss. Sah auf den ersten Blick alles schlimm aus.

Wir hatten unsere Motorräder auf Anweisung der Crew an der Außenwandseite des Schiffs hintereinander abgestellt. Mein Hinweis, dass sie im letzten Jahr festgebunden worden seien, war mit einem *Die-See-ist-ruhig* abgewiegelt worden. Im Vorjahr hatte sich die Crew für die eine Stunde von Calais nach Dover die Zeit genommen, jedes Motorrad festzuzurren. Für die vier Stunden von Ostende sollte dies nicht nötig sein? Die Fähre war größer als die letztjährige. Das Personal wusste sicher, was es tat. Dass wahrscheinlich nur das leicht verspätete Ablegen der Grund für die Schlamperei war, kam mir nicht sofort in den Sinn. Sie hätten ja die Motorräder auch auf See festbinden können.

Der Offizier hatte ein Protokoll aufgesetzt, das ich unterschreiben sollte. Den Rest regele die Versicherung.

Da mir das Loch im Ventildeckel Bedenken bereitete, baute ich ihn ab und montierte ihn wieder um hundertachtzig Grad gedreht. So konnte kein Öl mehr herauslaufen. Dass etwas hineinfallen konnte, dafür war die Öffnung zu klein. Ich kam problemlos zur Isle of Man und zurück nachhause.

In der Heimat wurde mir geraten, die Sache einem Rechtsanwalt zu übergeben, da in Auslandssachen immer Komplikationen entstehen könnten. Ich tat dies. Wir ließen ein Gutachten anfertigen.

Schadensumme: 1.017,50 DM plus 124,00 DM für die Dienstleistung. Die See-Versicherung zierte sich jedoch und fand die Summe im Gutachten zu hoch. Sie wollten eine Reparatur-Rechnung. War auch kein Problem. Schrieben wir uns eben eine. Diese lautete auf 1.1.83,93 DM. Die Differenz war der Preissteigerung geschuldet, welche die Teile innerhalb eines Jahres mitmachten. Zudem hatte ich dem Gutachter aus Bequemlichkeit nur die Anschaffungspreise aus dem Vorjahr gegeben.

Da die Versicherung nicht einfach gezahlt hatte, machte mein Rechtsanwalt zusätzlich noch einen Nutzungsausfall von 84,00 DM (7 Tage à 12,00 DM) geltend. Was danach herausgekommen ist, Erinnerungsschwund. Müsste ich in meinen Kontoauszügen nachsehen. Spielt heute auch keine weltbewegende Rolle mehr. Den Rechnungsbetrag bekam ich ersetzt.

Bis auf die Verkleidung musste ich in die Teile investieren. Sie ließ sich wieder hinbiegen. Mit dem Kratzer konnte ich leben. Nach etwas Polieren war er nicht mehr sooo schlimm sichtbar. Und wer wusste, was der leibe Gott noch vorhatte.

Ich habe auf der Fahrt hundert Fotos gemacht, aber keines von meinem beschädigten Motorrad. Warum? Kostengründe? Ich weiß es nicht. Vielleicht verließ ich mich darauf, dass der Gutachter welche machen werde. Hat er wohlweislich nicht.

Motorradtreffen in Steyr (A)

Steyr in Oberösterreich lag im Osten von Wolfratshausen, meinem damaligen Wohnort – Entfernung knapp dreihundert Kilometer. Der dortige Motorrad-Club veranstaltete ein Motorradtreffen.

Nachdem zu unserem am Bibi-See jedes Jahr Leute aus Steyr gekommen waren, hatten wir uns zu revanchieren. Das war Sitte und gebot der Anstand. Für die weiteste Anreise gab es einen Pokal.

Als kleine Erschwernis galt es diesmal drei Orte mit den Anfangsbuchstaben M, P und … anzufahren. Der dritte ist einem Ausfall einer Gehirnzelle anzukreiden. Ich glaube, es war K, spielt aber für das von uns erzielte Ergebnis keine ausschlaggebende Rolle. Anfahrt der Orte in obiger Reihenfolge.

Zudem durfte man nicht vor Freitag, 18.00 Uhr losfahren und musste samstags um 10:00 Uhr spätestens am Ziel angekommen sein. Dass man in den erforderlichen Orten war, hatte mit Unterschrift, Datum und Uhrzeit und einem Ortsstempel von einer amtlichen Stelle zu bestätigen. In der Nacht kam nur Polizei, Feuerwehr oder ein Krankenhaus in Frage. Tagsüber konnte auch ein Pfarrer oder eine Gemeindeverwaltung bestätigen.

Da man um 10:00 Uhr spätestens eingetroffen sein musste, kamen in der Praxis nur die ersten drei in Frage. Am Abfahrtsort brauchte man selbstverständlich auch einen Stempel, dass man nicht einfach behauptete, man sei da und da und dann und dann losgefahren, und dass man nicht zu früh startete. Zu Beginn musste zudem der Anfangs-Kilometerstand auf dem Tacho abgelesen und bestätigt werden. Ob auf den Zwischenstationen ebenfalls, ist in mir leider nicht mehr abgespeichert.

Wir, Herbert, Grünmann und ich, jeweils auf BMW R75/5, hatten einen Plan und Orte ausgesucht, die wir anfahren wollten.

Kurz vor sechs Uhr abends standen wir im Polizeirevier in Wolfratshausen. Wir wurden gefragt, für was die Bestätigung gut sei, und wo wir hinfahren wollten. Wir erklärten das mit den drei Buchstaben und gaben als Ziel Steyr an. Auf weitere neugierige Nachfragen erklärten wir, dass wir erst mal nach München fahren werden, dann nach Passau und den dritten Ort, der kurz vor dem Ziel in Österreich lag, nach Steyr.

Der Beamte las den Vordruck durch, nickte verständnisvoll, setzte bei jedem seinen Stempel drauf und unterschrieb. *M* für *München*, logisch.

Aber bis Punkt sechs wir herinnen warten. Ordnung musste sein. Wahrscheinlich wollte er sich keine Urkundenfälschung nachsagen lassen.

Eine Minute nach achtzehn Uhr stemmten wir die Motorräder von den Ständern und fuhren los – auf die Autobahn nach München. Schließlich wollten wir nicht lügen. Dass wir einen Abstecher über Mannheim machen würden, hatten wir im Eifer des Gefechts wahrscheinlich zu erwähnen vergessen.

Also, Richtung Norden und dann der Abendsonne entgegen nach Nord-Westen. Zur Erinnerung, Steyr liegt im Osten. Es lagen knapp vierhundert Kilometer vor uns. Und die gleiche Strecke wieder zurück.

Der Berufsverkehr war abgeflaut. So kamen wir zügig mit einer Geschwindigkeit von 160 km/h voran. Hinter Augsburg deutete ich den beiden anderen, dass ich kurz halten und die Handschuhe wechseln werde. Sie sollten weiterfahren. Ich hole sie schon ein.

Ich schwöre, dass ich keine zwei Minuten auf dem Seitenstreifen stand. Mit Vollgas versuchte ich sie einzuholen. Nach mehr als einer viertel Stunde sah ich sie immer noch nicht. Sie mussten irgendwo herausgefahren sein, um auf mich zu warten. Dies entsprach nicht unseren Gewohnheiten. Aber wer wusste?

Die nächste Ausfahrt fuhr ich raus und wartete auf der Brücke über der Autobahn. Ich ging davon aus, dass sie irgendwann merken mussten, dass ich schon an ihnen vorbei war. Ich stand ungefähr eine viertel Stunde, als ich wieder zurück Richtung München wollte. Ich wäre zur Stelle gefahren, wo ich gehalten hatte und hätte dann alle Parkplätze angefahren. Vielleicht standen sie auf einem.

Ich hatte gewendet und den Gang eingelegt, da sah ich sie mit hohem Tempo auf mich zukommen. Dass ich auf der Brücke stand, bemerkten sie nicht. Ich drehte wieder um und die Jagd begann von Neuem. Kurz vor Ulm hatte ich sie eingeholt. Wir verließen die Autobahn und fuhren auf die Tankstelle. Dort klärten wir den Sachverhalt und tankten, auch wenn die Behälter noch halbvoll waren. So konnten wir bis Mannheim durchfahren.

Sie hatten den nächsten Parkplatz angelaufen, aber nicht bemerkt, dass ich an ihnen vorbeigefahren war. Wahrscheinlich war mein zeitlicher Abstand zu kurz gewesen. Ich hatte nicht Ausschau gehalten, da ich nicht mit ihrem Stopp gerechnet hatte.

So, das war geklärt. Weiter an den Rhein.

Bis Mannheim gab es nichts, was in Erinnerung blieb. Durch das Warten waren wir nicht mehr im Zeitplan. Wir hätten um Mitternacht von dort schon lange wieder weg sein wollen, kamen aber erst kurz davor an.

Eine Polizeidienststelle war bald gefunden. Nichts wie rein.

Es war nicht viel los, genauer gesagt gar nichts. Was hätte um Mitternacht auch los sein sollen. Wir waren die einzigen Kunden und wurden sofort freundlich bedient. Wir zückten die Zettel, reichten sie dem Beamten und schilderten unser Begehr.

Mag es am Dialekt gelegen haben, war dem Mann am Tresen langweilig oder/und freute er sich über die Beschäftigung? Wir konnten es nicht erkennen. Jedenfalls begann er mit seinem Kollegen zu tuscheln. Beide ließen sich erneut alles erklären und zogen sich wieder in den Hintergrund des Raumes zurück. Wir rätselten schon, ob sie uns wegen groben Unfugs oder Veräppelung eines Beamten verhaften wollten. Sicher dachten sie sich einen Grund aus.

Wir waren über zwanzig Minuten hier. Uns lief die Zeit davon. Zehn Uhr Steyr. Passau wartete und der andere Ort. So an die acht-/neunhundert Kilometer lagen vor uns.

Kurz vor halb eins verließen wir mit den Stempeln und der Ortsbestätigung das Revier. Vollgas zurück nach München. Gehalten wurde nur zum Tanken und Brotzeiten. Gesamtstandzeit eine viertel Stunde.

Dort stellten wir fest, dass wir Passau zeitlich nicht mehr schaffen würden und zudem zu müde waren. Schnell war ein Ort kurz vor Steyr gefunden, der mit P begann und vor dem letzten Irgendwas-Buchstaben-Zwischenstopp lag.

Nichts wie los, auf die Autobahn München – Salzburg – Wien bevor hier der Berufsverkehr einsetzte.

Die Grenze nach Österreich stellte mit dem Motorrad kein Problem dar. Wir wurden durchgewunken, wie immer.

Um halb zehn waren wir am Ziel. Von unseren Freunden begrüßt gaben wir die Laufzettel ab.

Nachdem ich meine Luftmatratze aufgeblasen hatte, legte ich mich nur noch in die Sonne und schlief.

Am Nachmittag wurde uns offenbart, dass wir die längste Anreise hatten. Wenn ich es richtig in Erinnerung habe, erhielt Grünmann den Preis. Es konnte nur einer gewinnen. Herbert hatte es vorgeschlagen, da Grünmann von Geretsried erst nach Wolfratshausen gefahren war, somit ein paar Kilometer mehr hatte, als wir. Dies war zwar nicht dokumentiert, aber was soll der Ehrgeiz. Hätte nur ein weiterer Pokal herumgestanden.

Imola 1977

Auch wenn sich der Gedanke erst Jahre später entwickelte, komme ich mir immer noch vor, als sei ich dem Blassen vom Grabwerkzeug gesprungen. Oder nicht ganz so dramatisch formuliert, er hatte mir an diesem Tag zweimal seine Schaufel gezeigt. Doch der Reihe nach.

Motorradrennen waren hip. Salzburg, Imola, Assen, Le Mans, Nürburgring, dort fuhr man hin. Auch wenn viele Zuschauer auf vier Rädern ankamen, hier konnte man einen eingeschworenen Haufen Motorradfahrer treffen. Salzburg und Imola waren für uns südlich Münchens Beheimatete natürlich nur mit dem Motorrad zu erreichen. Die beiden Rennstrecken waren Tagesausflüge. Salzburg mit 170 Kilometer Entfernung für alle, Imola eher für den harten Kern. 550 km hinunter Rennen anschauen und anschließend dieselbe Strecke wieder heim, war nicht unbedingt für jeden und jedes Motorrad geeignet, auch wenn sich 95 % der Fahrt auf der Autobahn abspielten.

1977 wurden mir die technischen Grenzen meiner R75/5 aufgezeigt.

Zirler Berg, Brenner und hinunter bis zur Poebene verlief alles reibungslos. Wir lagen gut in der Zeit. Unsere vier BMWs schnurrten mit 180 – 200 km/h dahin. Es gab auf Italiens Autobahnen keine generelle Geschwindigkeitsbegrenzung. Die Italiener sahen das Benützen der Straßen allgemein von der sportlichen Seite. Dem Schnelleren wurde Platz gemacht. Fernlicht, Lichthupe oder Schallkundgebungen jeglicher Art waren nicht nötig. Kam ein Schnellerer, machte man den Fahrstreifen frei. Manchmal geschah das auf aberwitzige Weise durch Benützen des Seitenstreifens. Dies Verhalten galt nicht nur, wenn Motorräder im Rückspiegel auftauchten. Autofahren und Motorradfahren machten Spaß in Italien. In Deutschland war eine Belehrungsmentalität und das Beharren auf dem Recht, die Straße nach eigenem Gutdünken zu benutzen, Gang und gäbe.

Die Poebene wartete auf uns, schnurgerade Autobahn bis zum Horizont, drei- bis vierspurig je Seite und Autos bis zum Abwinken. Wie beschrieben war das schnelle Fahren trotzdem kaum eingeschränkt. Gut, bei dichtem Verkehr und Geschwindigkeiten kaum unter 180 war das Fernlicht eine Hilfe. Aber ich schwöre, wir benutzten nie die Lichthupe und drängelten auch nie.

Also, ich in Führung liegend, da ich eine Vollverkleidung hatte, und somit der Schnellste war, und die anderen drei im Windschatten, erfreuten uns die restlichen Straßenteilnehmer mit zügigem Freimachen der linken Spur.

Zweimal trieb es zwei Ferraris (rot und gelb) hinter uns. Wir ließen sie vorbei. Einmal überholten sie uns. Doch nachdem Boliden auf der nicht ganz ebenen Autobahn zum Verschrotten zu teuer waren, durften wir wieder überholen. Die hohe Dauergeschwindigkeit war den Ferraristi scheinbar zu riskant. Die 40 km/h, die sie mehr in der Spitze erzielen konnte, hielten unserer nicht stand.

Imola war noch ein paar Steinwürfe entfernt, da erkannte ich, dass sich auf der linken Spur – weit am Horizont – Fahrzeuge tummelten. Die Erfahrung hatte uns gelehrt: Bis wir da sind, sind die weg.

Dem war aber nicht so. Alle Autos standen. Mit Warnblinkern auf Gefahren aufmerksam machen, war noch nicht bekannt. Als ich die Mauer vor mir als solche erkannte, bremste ich vorne und hinten, und zwar voll. Leider hatten unsere BMWs Trommelbremsen, bis auf die letzte – eine R90S mit zwei Scheibenbremsen am Vorderrad. Dank genügend Abstands war es für die hinter mir Fahrenden kein Problem, vor der Schlange zum Stehen zu kommen. Aber ich hatte eines.

Mit gezogenem Handhebel fast bis Anschlag am Griffgummi und das Fußbremspedal gefühlsmäßig einmal um die eigene Achse gedrückt, kämpfte ich um mein Leben. Ich war mir sicher, seitliches Ausweichen war nicht, Leitplanke in der Mitte zu nahe und rechts am Auto vorbei war ebenfalls zu schmal.

Mit Schrecken stellte ich fest, dass es sich beim Fahrzeug vor mir um eines der Polizia Stradale handelte.

Die werden Augen machen, wenn ein Motorrad über ihre Mittelkonsole fährt. Solch Unfug schoss mir durch den Kopf. Ich erinnerte mich an die Bremswege eines Schiffes auf See. Ulkigerweise hatte ich die knapp einhundert Meter bis zum Aufprall keine Angst mehr, dass mir etwas passieren könnte. Im Rückspiegel sah ich, dass von hinten kaum Gefahr drohte. Ich hielt den Lenker fest und wartete auf den Einschlag. Dann griff Gott ein oder der Zufall oder ein anderer Duselverteiler. Die Wand vor mir setzte sich in Bewegung, nur ungefähr drei Autolängen, aber ich hatte die eine, die ich brauchte.

Ich stand. Die Knie wurden plötzlich weich. Die Schlange setzte sich wieder in Bewegung, langsam – und sie blieb es.

So fünfunddreißig Jahre später wundere ich mich, dass das Motorrad nicht ausgebrochen ist. Es blieb stabil in seiner Spur. Wahrscheinlich waren die Vorderrad-Bremsen der Masse nicht annähernd gewachsen und kamen deshalb nicht zum Blockieren. Das ABS am Hinterrad hatte ich im Fuß. Wäre das Bremsseil vorne gerissen … Mir hätte genauso gut ein Zeppelin auf den Kopf fallen können.

Da war sie, die Ausfahrt Imola. Wir waren schneller angekommen, als beim ersten Anblick des Verkehrs auf der Po-Autobahn befürchtet. Auf wundersame Weise waren wir umgehend am Parkplatz und an der Rennstrecke.

Damals drehten noch Typen wie Giacomo Agostini, Kenny Roberts, Barry Sheene und andere heutige Legenden ihre Runden. Trotzdem kann ich mich an das Rennen kaum mehr erinnern. Dafür aber an die Heimfahrt.

Poebene retour, diesmal etwas langsamer. Warum, weiß heute keiner. Maximal 160 km/h war als Richtschnur angepeilt, wahrscheinlich weil wir doch schon seit sechs Uhr morgens unterwegs waren. Egal, wir ließen es dezenter angehen. Als wir Richtung Brenner abbogen, setzte die Dämmerung ein. Ob der

Polarstern leuchtete oder nicht, vermag ich heute nicht mehr zu sagen. Aber Leuchten waren definitiv unterwegs.

Kurz nach Bozen schlängelte sich die Autobahn friedlich durch die stockdunkle Nacht. Vereinzelte Autofahrer waren auf dem Weg nach Hause. Für Schräglagen waren die Kurven zu gering. Die Luft war lau. Wir blieben auf der linken Fahrspur und rollten mit 140 km/h gen Heimat. Ein Pkw-Fahrer schlief genüsslich auf der rechten Spur mit 120 – 130 km/h.

Die Autobahn ging in eine dezente Linksbiegung über, als ich auf gleicher Höhe mit dem Pkw war. Im Rückspiegel beobachte ich die anderen drei Abenteurer. Gemütlich wollte ich an dem Pkw vorbei – vor uns weit und breit kein Fahrzeug zu sehen, als der Pkw stetig nach links zog. Ich weiß nicht, ob er Kurvenschneiden und damit Sprit sparen wollte oder wozu sonst. Der Platz für mich auf meiner Spur wurde immer enger. Der Abstand Pkw und rechter Zylinder meiner BMW war inzwischen als ein Fuß zu bezeichnen. Ein Beschleunigen kam wegen zu geringer Drehzahl und bergauf nicht in Frage.

Ich musste mich entscheiden, Mittelleitplanke oder stark abbremsen. Ich entschied, den Pkw-Fahrer durch einen leichten Schlag mit dem Fuß an seine hintere Seitentür aufzuwecken. Dies gelang prompt. Das Auto machte einen Satz – glücklicherweise – nach rechts. Ich konnte vorbei. Ich fuhr vor den Pkw und bedeutete dem Fahrer, er möge stehen bleiben, auf was er von selbst scheinbar nicht kam. Kurz darauf standen wir auf dem Seitenstreifen der sonst leeren Autobahn. Kreidebleich stieg der Schläfer aus und entschuldigte sich vielmals in seinem Südtiroler-Akzent. Er war jedenfalls mehr fertig als ich.

Mit diesem weiteren Erlebnis im Gepäck brachen wir wieder auf, um möglicherweise doch vor ein Uhr zuhause zu sein. Und siehe da, vielleicht zehn bis fünfzehn Kurven später hätte beinahe eine Wiederholung stattgefunden. Diesmal weckte ich den Fahrer rechtzeitig mit der Lichthupe, worauf der einen Satz in seine rechte Spur machte.

Ich muss sagen, derartige Schläfer sind mir in Italien nur in dieser Nacht begegnet. Scheinbar waren beide gleichzeitig unterwegs. So im Nachhinein betrachtet war es der gefährlichste Tag in meinem Motorrad-Leben.

IoM 1977

Im Vorjahr hatte ich die Fahrt ausgelassen. Im Sommer 1976 war ein Spanien-Urlaub an der Reihe, also andere Richtung. Kompromiss mit der Frau, ein Jahr Nord, ein Jahr Süd. Zudem war ich 1975 zweimal jenseits des Kanals, IoM und im August noch einmal mit dem Pkw in Schottland. Eine gewisse Insel-Müdigkeit war eingetreten. Mitfahrer, die mich angespornt hätten, hatte es nicht gegeben.

1977 war das dritte Mal, dass ich auf der Menschen-Insel war. Der Schritt in die berufliche Selbständigkeit hatte konkrete Formen angenommen. Es war abzusehen, dass dies voraussichtlich die letzte Möglichkeit für Jahre sein werde, noch einmal hinzukommen. Mit einem Motorradgeschäft[1] auf dem Buckel war eine mehr als einwöchige Abwesenheit in einem Saison-Betrieb während der Hauptsaison eher nicht gewinnfördernd.

Unser Reiseteam bestand aus zwei Personen, Herbert und mir. Schnell wurde uns klar, dass sich die letzten beiden Male nicht wiederholen ließen. Es gab kaum mehr ein Eck, an dem nicht auch eine Stimme in deutscher Sprache zu vernehmen war. Die Rennen schienen noch langweiliger, die Pubs unpersönlicher. Irgendwie fand gerade ein Wandel statt, auf der Insel und in uns.

Wir sahen uns die Landschaft an, die bis dahin etwas zu kurz gekommen war. Einmal, während ein Rennen lief, fuhren wir nach Castletown im Süden der Insel. Auf halbem Weg vergaßen wir nicht, auf der Fairy Bridge die Feen zu grüßen. Wer dies nicht tue, dem könne Schlimmes widerfahren.[2] Alle im Bridge Inn hatten uns gewarnt. Jeder Inselbewohner war von einem

---

1 Siehe Band *Die BS motor-Zeit*

2 Ist heute noch so

möglichen Fluch überzeugt und grüßte jedes Mal, wenn er vorbeikam.

Castletown war bis 1874 die Hauptstadt der Insel. Dann wurde es Douglas. Castletown war ein pittoresker Ort mit einer verhältnismäßig imposanten Burg im Zentrum und einem kleinen Fischerhafen. So also sah der Ort aus, wenn keine TT war. Beschaulich, englisch, gemütlich und in allen Food-Shops Platz.

In diesem Jahr, da wir ein festes Dach über dem Kopf hatten, meinte das Wetter, uns zeigen zu müssen, dass wir auch im Zelt übernachten hätten können. Aber campen war für mich nach dem verregneten Aufenthalt und gefühlt immer klammen Klamotten im ersten Jahr keine Option mehr.

Auf dem Ausflug herrschte Windstille. Diese war so ungewohnt, dass wir sie als störend und unangenehm empfanden.

Mad Sunday

Am *Mad Sunday*, dem Sonntag für die Verrückten war ein Teil der Rennstrecke für einen halben Tag Einbahnstraße. Genauer gesagt von Ramsey hinauf in die Berge bis Creg-Ny-Baa wo das Keppel Hotel stand, in diese Richtung. Die letzten drei Meilen ging es bergab, danach mit noch mehr Gefälle bis Hillberry.

Vor dem Gebäude machte die Straße eine 90-Grad-Kurve. Ab hier war Gegenverkehr wieder nicht nur möglich.

Bei den letzten beiden Malen, 1974 und 1975, war uns für diesen Tag dringend abgeraten worden, die Strecke zu befahren. Wie der Name schon sagte, seien nur Verrückte unterwegs und es sei sooo gefährlich. Ich hatte mich daran gehalten und meine Kumpel überzeugen können.

Wieso wir diesmal von den Leuten, die uns früher gewarnt hatten, ermuntert wurden, doch einmal zu fahren, wurde nie klar. Vielleicht, weil ich schon zweimal die Insel überlebt hatte. Warum auch immer.

Jedenfalls setzten wir uns auf unsere BMWs und fuhren los, hinauf zum Keppel Hotel. An der gedachten Startlinie auf der Geraden hinunter Richtung Douglas stellten wir uns auf, nebeneinander. Es musste ja real sein. Rechts rauschten die anderen Fahrer vorbei. Als keiner in Sicht war, stürmten wir los. Innerhalb der Orte fuhren wir mit maximal 70 km/h; aber nur dort, wo die Piste übersichtlich war. Wir waren keine Rowdys. Außerhalb der Ortschaften schneller, ebenfalls nur so, dass der Bremsweg auf Sicht gereicht hätte. Richtig Gas gaben wir ab Ramsey.

Ich voraus und Herbert im Windschatten. Auf diesem Streckenabschnitt waren Möwen das einzig Gefährliche. Ein Zusammenstoß wäre schlecht ausgegangen, für beide, die Vögel und uns. Die Dinger bekamen aber auch überhaupt keine Geschwindigkeit drauf. Warum die dort oben herumflogen, wo doch alle Augenblicke ein schnelles Motorrad vorbeikam, wurde mir nicht ersichtlich. Futter gab es unten am Meer. Oder warteten sie darauf, dass sie einen verunglückten Biker fressen konnten?

Kurz vor dem Ende der Runde vor dem Keppel Hotel nahm ich das Gas weg und fuhr gediegen um die Kurve, um die gedachte Ziellinie zu überqueren und unsere Zeit festzuhalten.

Hatte Herbert der Ehrgeiz gepackt, hatte er geschlafen oder nicht zugehört? Hinter der Kurve war mit Gegenverkehr zu rechnen. Jedenfalls schnitt er sie, überholte rechts und beschleunigte wieder. Als er im Rückspiegel sah, dass ich nicht folgte, drehte er um und kam zurück.

Was los sei?

Ich klärte ihn auf, dass wir unsere Runde beendet hätten. Fertig.

Er dachte, wir würden erst in Douglas stoppen, am richtigen Rennziel. Ich erklärte ihm, dass hier das Ende sei, da sie hier angefangen hatte. Was nützte eine Zeit dort unten? Herbert sah es ein. Er hatte Glück, dass kein Fahrzeug in der Kurve entgegengekommen war. Als er den Sachverhalt realisiert hatte, wurde er still.

Während in den Bergen so gut wie keine Pkws unterwegs waren, wagten sich auf der restlichen Strecke ein paar heraus. Leute, die es nicht vermeiden konnten. Mad Sunday.

Nach knapp fünfzig Minuten waren wir wieder am Tresen im Bridge Inn. Keiner wollte glauben, dass wir den kompletten Kurs gefahren waren. Das hatte von ihnen noch niemand geschafft, die Strecke unter vierzig Minuten. So schnell fanden wir die Umrundung nun auch nicht; während der Rennen fuhren die den Kurs in der halben Zeit.

Vielleicht überreichten sie mir wegen der Fabelzeit, als Ausdruck der Bewunderung, am letzten Abend ein Geschenk. In der Kneipe der Harz-Biker-Oase hängt das Lätzchen. Eine für mich besondere Erinnerung an die Freunde im Bridge Inn. Wie sie es aufgetrieben hatten, wollte keiner verraten. Unter dem Siegel der Verschwiegenheit und meinem Versprechen, es nie auf der Insel zu tragen, überreichten sie es mir.

Es war ein TT-Marshal-Überwurf. Mit diesem hätte ich mich während der Rennen in den abgesperrten Bezirken aufhalten können, wäre vielleicht nicht einmal mit dem Motorrad aufgefallen. Ich hätte nur eines mit englischem Kennzeichen fahren müssen. Als Marshall war man weisungsberechtigt. Sicher hätte ich mich durch meinen bairischen Akzent enttarnt?

Ich mag mir gar nicht ausmalen, was ich alles anstellen hätte können und was die mit mir getan hätten, wenn ich erwischt worden wäre. Und das wäre ich. Welchen Ärger hätten die im Bridge Inn bekommen? Haben weder ich noch sie. Also, ad acta.

Das Ding hat die Insel nie wieder gesehen. Ich halte Wort, auch nach vierzig Jahren.

Heimfahrt

Die Heimfahrt lief typisch in meinem Stil ab. Aufbruch am Morgen in Laxey. Schiff Douglas nach Liverpool. Dann nach Dover und mit der Fähre nach Ostende.

Am frühen Abend waren wir wieder auf dem Kontinent. Das Wetter war mies und unfreundlich. Es regnete und sah nicht nach nur vorübergehend aus. Nichts hielt uns hier. So beschlossen wir, weiter zu fahren, Richtung Heimat.

Es wurde dunkel, es wurde Nacht und es wurde Morgen. Kurz vor Nürnberg war ich fertig. Ich konnte nicht mehr. Wir waren gerade mal vierundzwanzig Stunden unterwegs. Was war los mit mir?

Wir fuhren auf einen Parkplatz an der Autobahn. Ich legte mich in strömenden Regen auf eine Bank und schlief ein, in Regenbekleidung, den Helm auf.

Nach einer Stunde weckte mich Herbert. Mir ging es besser. Wir fuhren die kleine Reststrecke von zweihundert Kilometer und waren endlich in einer warmen Wohnung.

Weiteres habe ich im Augenblick nicht mehr in Erinnerung. Doch! Die Bee Gees wurden auf der Insel geboren. Aber das hat nichts in einem Motorradbuch zu suchen.

Und in Liverpool suchten wir wieder Gus Kuhn auf. Diesmal wurde er eine gefütterte Belstaff-Jacke und -Hose aus rotem Plastik für mich los. Diese habe ich mehrere Jahre gerne getragen. Sie isolierte super und war bei Kälte über der Lederkombi unschlagbar. Nachdem Goretex aufkam, war das Leder nicht mehr nötig, somit auch die Belstaff-Teile nicht. Aber das war, meine ich, erst zehn Jahre später.

Seit 1977 habe ich die Insel nicht mehr gesehen, auch nicht als ich 1991 mit der Fähre von Wales nach Irland gefahren bin.

Gaudi-Rallye Geretsried

Ob es im Herbst 1977 oder Frühjahr 1978 war, kann ich jetzt auf die Schnelle nicht feststellen. Es sollte aber keine allzu große Rolle spielen, da es vierzig Jahre her ist.

Klapene, der mit der Zündapp im Kapitel Nürburgring, fuhr damals Autocross und hatte mit Motorrädern nur bedingt etwas am Hut. Er wollte an der Gaudi-Rallye in Geretsried teilnehmen. Die Sportarten hatten wenig gemeinsam, außer dass dieselbe Person der Fahrer sein konnte. Autocross war schnell auf dem Acker. Gaudi-Rally war gesittet, sich an Verkehrsregeln haltend mit Prüfungen in Geschicklichkeit und Wissen.

Ich wurde also gefragt, ob ich als Co-Pilot teilnehmen wolle. Mein Enthusiasmus hielt sich in Grenzen. Ich wäre lieber mit dem Gespann zum Sylvensteinspeicher fahren. Aber, wer findet keinen Kompromiss? Nach kurzer Diskussion und einem Telefongespräch mit dem MSC Geretsried und dessen Einverständnis, dass wir auch mit einem Motorrad teilnehmen könnten, meldeten wir uns an. Betreffs weniger als vier Räder musste der Mann am Telefon erst nachschauen, ob dies erlaubt sei. Bis dato hatte noch nie ein Motorrad an der Rallye teilgenommen. Nachdem nirgends Fahrzeuge mit zwei oder drei Standbeinen in der Ausschreibung explizit erwähnt, somit nicht ausgeschlossen waren, bekamen wir das Ok.

Am Start fielen wir zuerst einmal auf wie bunte Hunde. Ein Motorrad-Gespann, zwei Gestalten mit Ledermänteln aus den 30ern und Halbschalenhelmen. Auch unsere gute Laune erweckte Misstrauen. Es wurde getuschelt und gerätselt, ob wir teilnehmen werden.

Ja, aber ich habe noch nie eine Rallye dieser Art mitgemacht. Ich verlasse mich da auf meinen Passagier im Boot. Der habe Erfahrung.

Daraufhin wurden wir mitfühlend belächelt. Was hatte ein Gespann schon für eine Chance? *Lass die doch mitfahren.*

So geschah es denn.

Das Wetter war nicht besonders, kühl aber trocken. Die Rallye war eine gemischte teilweise Wegbeschreibung, teilweise Ausschilderung und zwischen zwei Posten ein Chinesen-Rallye-Teil[1]. Wir lagen gut im Rennen. Nach den Wissensprüfungen wurde uns von den Posten angedeutet, dass wir bei den Besseren lägen. Genaueres wollten und konnten sie nicht sagen, da noch nicht alle vorbeigekommen waren.

Dann kamen technische Prüfungen zwischen den Streckenabschnitten.

Bei der ersten war ein Zylinderkopf auf einem Brett befestigt. Vier Zündkerzen auf Zeit heraus und wieder hinein drehen. Für Klapene, einem eingefleischten Autoschrauber, war dies ein Kinderspiel. Er war nicht bei den Langsamen.

Beim nächsten Halt musste ein Rad vom eigenen Fahrzeug demontiert, auf den Boden gelegt und wieder angebracht werden, auch auf Zeit. Die Autofahrer kramten in ihren Kofferräumen. Ein Teilnehmer war dabei, der hatte keinen Wagenheber. Er musste warten, bis einer einen passenden hatte.

Es stellte sich heraus, dass es Teams gab, bei denen beide null Ahnung hatten, wie man so ein Ding ansetzte. Wir schauten amüsiert zu, bis wir drankamen.

Zuerst beratschlagten die Posten, was wir statt der Aufgabe erledigen sollten. Natürlich führten wir keinen Wagenheber mit uns.

Startet einfach die Uhr. Wir machen das schon.

Sollen wir nicht jetzt schon die Maximalzeit aufschreiben? Dann könnt ihr gleich weiterfahren. Sie waren überzeugt, dass wir ein Rad am Motorrad nie unter der Maximalzeit rauf und runter bekommen würden.

---

1 Dabei hat man einen Zettel, auf dem nur Abzweigungen anhand von Pfeilen gezeichnet sind. Wenn man eine tatsächliche übersehen hat, landet man im Nirwana.

Klapene und ich sahen uns an, schüttelten grinsend den Kopf und bestanden auf einem Start der Stoppuhr.

Eins, zwei, drei, los!

Zack, war das Gespann auf den linken Zylinder gekippt. Der Beiwagen hing in der Luft. Ich hielt die Fuhre in Position und mein Mitstreiter löste mit der Faust die Zentralflügelmutter. Schwupps, lag das Rad am Boden. Ebenso schnell war es wieder montiert und das Motorrad auf seine drei Räder herabgelassen. Wir legten eine Gesamtzeit hin, in der keiner von den Autofahrern sein Fahrzeug auch nur hochgebockt hatte.

Am Abend fuhren wir nach Geretsried zur Siegesfeier, mit dem Auto. Wir waren etwas überrascht, als wir als Gesamtsieger gekürt wurden. Inzwischen hatte sich unser Radwechsel wie ein Lauffeuer herumgesprochen. Stimmen wurden laut, dass dies unfair den Autofahrern gegenüber sei.

Nachdem schnell klar gestellt wurde, dass wir, auch wenn man die Prüfung bei allen ausklammerte, immer noch gewonnen hätten, verstummte der Protest. Zudem gebe es ja Autos mit drei, vier oder fünf Radmuttern. Da wäre ebenfalls eine Ungleichheit, es gebe Geübte und Ungeübte, usw. Dann wurden Stimmen laut, ob wir gewertet werden dürften, da unser Fahrzeug mit roter Nummer teilgenommen hatte. Dies sei keine Zulassung.

Aber es dürfe auf der Straße bewegt werden. Pferdefuhrwerke könne man auch nicht ausschließen. Die seien auch nicht extra erwähnt. Da in der Ausschreibung nichts Diesbezügliches stehe, usw.

So ging das eine Weile hin und her. Nach einem Machtwort des Vorstands, jetzt werde gefeiert und man solle sich die Stimmung nicht selbst verderben, kehrte Ruhe ein.

Vielleicht hat es den ein oder anderen gestört, dass Nicht-Clubmitglieder gewonnen hatten?

Als Siegprämie gab es eine Keramik-Schöpfkelle mit Holzstiel.

Ich habe nie nachgefragt, ob Motorräder für die Zukunft ausgeschlossen wurden oder noch einmal so ein Fall wie unserer vorkam.

Ein paar Wochen später diskutierten Klapene und ich, ob wir das nächste Mal nicht mit einem Lkw antreten sollten, um sie zu schocken. Wurde aber nie was draus.

Fall – Hinterriss

Seit 1.5.1974 gab es das Punkte-Register in Flensburg. Am 14.4.1978 meinte die Grenzpolizei am Übergang Vorderriss nach Österreich, dass ich mich eintragen lassen solle.

Drei Freunde und ich beschlossen, die Motorräder für dieses Jahr zum ersten Mal zu lüften. Es war ein herrlicher Frühlingstag mit grünen Wiesen und Gänseblümchen. Am Sylvensteinspeicher entlang stand ein Abstecher nach Hinterriss in Österreich auf dem Plan.

Mit der Erinnerung kommen mir oft Bilder aus den 50er Jahren ins Gedächtnis. Damals war der Speichersee gefüllt worden, was lange dauerte. Auf dem Weg nach Bella Italia konnte man über lange Zeit und später bei Niedrigwasser den Kirchturm des alten Ortes Fall über die Oberfläche ragen sehen oder man sah ihn durch das Wasser.

Die Strecke war für gemütliches Fahren, nicht Schnarchen, ideal.

Als wir an die Grenze kamen, sonnten sich drei Uniformierte in Grün und Grau auf der Bank vor der Hütte. Der Schlagbaum war offen. Es waren zwei deutsche und ein Österreicher. Beide Länder teilten sich ein Gebäude. Der Übergang hatte keine getrennten Posten und war wochentags kaum befahren, eher ein Geheimtipp.

Wie es sich gehörte, winkte uns der Österreicher mit der Hand, wir sollten durchfahren. Die Deutschen waren überzeugt, dass an diesem Freitag sonst keiner mehr kommen werde. Vielleicht mussten sie einen Arbeitsnachweis beibringen, was weiß ich. Jedenfalls standen beide Grünen auf und bedeuteten uns mit der entgegengestreckten Handfläche, wir sollten stehen bleiben. Papiere.

Papiere hin, Papiere her. Der eine bedeutete uns, wir könnten weiterfahren. Während wir unsere Handschuhe anzogen, umkurvte der andere um die Motorräder. Und da hatte er mich.

Stopp, so können Sie nicht weiter fahren.

Gemeint war ich. Verdutzt sah ich mich um. Wieso?

Steigen Sie ab! Seine Hand deutete auf mein Heck. Hier, der Reifen.

Mir war bekannt, dass der Reifen an einer etwa zehn Zentimeter langen Stelle die erforderliche Profiltiefe knapp unterschritt. Er war nicht rundum abgefahren. Bremsplatten mit etwas über 1,2 mm an dieser Stelle. (Zuhause nachgemessen.) Ansonsten hatte er überall 1,6 mm. Der neue sollte am Montag geliefert und auch gleich montiert werden, Saisonanfang, erste Fahrt, Lieferverzögerung.[1]

Technische Sicherheit ist und war immer oberstes Gebot für mich. Bestellung lieg seit einer Woche.

Das schöne Wetter hatte mich überrascht und die Freunde zu sehr gereizt. Keine Wolke am Himmel, die Straßen waren trocken. Die Fahrt sollte maximal zwei Stunden dauern. Wieso also nicht.

Selbst mit diesen Erklärungen und dem Hinweis, dass das Profil nur an der einen Stelle zu wenig aufweise, kannte der gute Mann kein Einsehen bzw. Erbarmen. Er hatte den Nachweis für die Wichtigkeit seiner Anwesenheit an der Grenze oder was auch immer.

---

[1] Selbst große Reifenhändler hatten oft keine Motorradreifen auf Lager. Die waren von ein paar Händlern zu Saisonbeginn alle aufgekauft worden. Bis Nachschub von den Herstellern kam, war man der Zockerei ausgeliefert.

Er forderte meinen Fahrzeugschein und ging damit in die Amtsstube. Nach kurzer Zeit gab er ihn zurück und sagte:

Die Anzeige wird Ihnen schriftlich zugestellt.

Dann fläzte er sich auf seine Bank. Wir setzten die Helme auf und zogen die Handschuhe an. Als wir losfahren wollten, sprang er auf und sagte zu mir:

Sie können nicht ausreisen. Der Reifen.

Soll ich das Motorrad jetzt hier stehenlassen?

Nein, heimfahren können Sie schon.

Aus den Augenwinkeln sah ich das Erstaunen seiner Kollegen auf der Bank. Sie schiegen.

Nach kurzem Zunicken drehten wir alle um. Wir waren uns ohne Aussprache einig, dass eine Diskussion zu nichts geführt hätte. Wenn eine Weiterfahrt so gefährlich war, warum eine Rückfahrt nicht?

Zur Erklärung für Ortsfremde: Die Straße führte in das Tal nach Hinterriss. Nach ein paar Kilometern hätten wir umdrehen müssen – Sackstraße.

Für damalige Verhältnisse war das Verhalten des Grenzers absurd. Reifenkontrollen wurden äußerst selten durchgeführt. Wir hätten gefahrlos in Bayern weiter fahren können. Der Österreicher sah bei der Wetter- und Straßenlage scheinbar ebenfalls keine Gefahr bei einer Weiterfahrt.

Vielleicht gönnte unser Beamter den Ösis nicht, dass wir bei ihnen einkehren wollten? Der Tag war versaut. Wir steuerten in Lenggries einen Biergarten und fuhren anschließend heim.

Ein paar Tage darauf kam der Bußgeldbescheid – 111,90 DM.

Da dies auch einen Punkt in Flensburg nach sich ziehen würde, gab ich die Sache meinem Rechtsanwalt. Finanzielles Risiko hatte ich keines, da ich rechtsschutzversichert war.

Am 29.9. kam es zur Gerichtsverhandlung. In der Verhandlung behauptete der Polizist, dass das Profil um den ganzen Reifen und nicht nur an der einen Stelle abgefahren gewesen sei. Der Richter hatte durchblicken lassen, dass er die Anzeige für kleinlich halten könnte. Letztendlich einigten wir uns, dass Aussage gegen Aussage stehe und um die Verhandlung nicht mit der Einberufung meiner Freunde als Zeugen in eine Neuauflage gehen zu lassen, dass ich die Strafe einfachheitshalber zahle. Wenn ich mir nichts weiter zu Schulden kommen lasse, werden die Punkte nach gewisser Zeit wieder gestrichen.

Da keine Beweisfotos gemacht worden waren und der abgefahrene Reifen auch nicht mehr greifbar sei, sollten wir uns so trennen. Der Richter wies noch darauf hin, dass die Kollegen des Beamten laut seiner eigenen Aussage nichts zur Profiltiefe sagen könnten, da sie auf der Bank sitzen geblieben waren. Eigentlich hätte der Grenzer hoch erhobenen Hauptes den Saal verlassen können. Er schlich aber eher betröpfelt hinaus, ob der indirekten Rüge.

So kam ich zu meinem ersten Punkt in Flensburg. Einen oder mehrere habe ich für Zwölf-Kilometer-zu-schnell nachts auf einer leeren, dreispurigen Autobahn (112 statt 100) gut zwanzig Jahre später bekommen. Für mehr hat es bis jetzt nicht gereicht.

Bol d'Or 1978

Nachdem die Isle of Man nach dreimaligem Besuch nicht mehr das war, was sie beim ersten und zweiten Mal war, und ich während der Saison nicht aus meinem im Vorjahr eröffneten Motorradladen wegkonnte, entschied ich mich, in diesem Jahr zum Bol d'Or zu fahren und zuzusehen, wie die um die goldene Schüssel fuhren. Auf einem 24-Stunden-Rennen war ich noch nie selbst gewesen. Aus dem Bekanntenkreis war es auch niemand. Und das Ganze fand außerhalb unserer Hauptsaison statt.

Es war schnell jemand gefunden, der mich kurzfristig begleiten wollte. BMW 750 solo und Honda CB 750 Four mit Beifahrerin. Ich übernahm das Gepäck, Packtaschen und Zelt hinten quer, die Honda wurde mit zwei Personen und einer Minigepäckrolle ausgestattet, dass die Beifahrerin nicht hinten wegrutsche beim Beschleunigen, oder so ähnlich.

Samstag morgens um 4.00 Uhr Abfahrt, wider Erwarten pünktlich, denn Vicky arbeitete als Bedienung in einer Wirtschaft und kam nie vor 1:00 Uhr ins Bett und ihr Fahrer, Freund und Stammgast in einer Person, auch nicht.

Da die Honda mit ihrer schmucken Marvin-4in1 ohne einen Ansatz von Geräuschdämpfung ausgestattet war, fuhr ich voraus. Der Lärm war trotzdem, als wäre die Honda vor mir oder in meinem Helm. Da ich im Fährtenlesen mehr Erfahrung hatte, war die Reihenfolge des Fahrens ebenfalls kein Diskussionsthema.

Los, auf die Autobahn Garmisch-München, möglichst im Leerlauf (die Honda) durch die Stadt und dann ab Richtung Stuttgart und Karlsruhe. Das Wetter war prächtig und wir kamen trotz Zwangspausen für die beiden Tabaksüchtigen und gemeinsamer Tankstopps zügig voran. Die Autobahn in Frankreich mieden wir. Es gab eine Geschwindigkeitsbegrenzung. Zwar fänden auf den Autobahnen selbst keine Radarkontrollen statt, aber die Durchfahrt-Zeiten an den Mautstellen würden zur Kontrolle herangezogen. Nach den Kontrollhäuschen stehe die Polizei und kassiere. Dies sei für sie der geringste Aufwand bei höchstem Ertrag. Wir probierten es nicht aus und fuhren auf den Landstraßen. Dort musste man zwar in den Orten langsam fahren, aber aufgrund der freien Strecken dazwischen kamen wir genauso schnell, wie auf der Autobahn voran. Frankreich war bald durchquert. Das Ziel lag vor uns.

Die letzten beiden Stunden hätten wir Motorräder noch und nöcher erwartet. Le Mans war eher friedhofig. Nichts deutete auf ein Großereignis hin. Andererseits war ich mir sicher, dass es in allen Rennterminkalendern geheißen hatte Bol d'Or 15. - 16. September 1978. Der 15. war heute, oder nicht? Oder schon!

Mein Französisch war das, was man nach einem Unterrichtsjahr erwarten konnte. Hände und Füße brachten mehr zustande als der Sprechbereich. Der Level der beiden Mitfahrer war noch niedriger.

Niemand hier wusste etwas vom Bol d'Or. Obwohl es sich um französische Wörter handelte, tat jeder so, als hätte er noch nie von einem Motorradrennen mit dem Namen gehört. Vielleicht hieß das Rennen hier anders? Vielleicht war es so wie in Ungarn. In Szeged wollte ich einmal ein Gulasch in einer Wirtschaft, schließlich hieß es bei uns ja Szegediner Gulasch. Bar jeder Kenntnis der ungarischen Sprache und die Bedienung bar einer Fremdsprache, drohte die Bestellung in eine endlose Lautmalerei und Deuterei auszuarten. Erst als ich ihr klar machen konnte, dass ich das gleiche haben wollte, wie der Gast am Nebentisch, ein Gulasch, deutete sie auf die Speisekarte. Dort kannten sie es nur als pörkölt.

Le Mans – ich war mir nicht mehr sicher, ob es ein zweite gab und wir in das falsche gefahren waren. Mir wurde in Frankreich wiederholt vorgeführt, dass der Franzose nur dann Fremdsprachen konnte, wenn er wollte. Und sehr oft wollte er nicht. Denn wenn einer seiner Landsleute angefangen hatte, in Deutsch oder Englisch zu antworten, sprachen plötzlich etliche um ihn herum so viel, dass sie im Stande waren, mitzureden.

In einer Patisserie traf dann zusammen, dass jemand englisch sprechen konnte und wollte und zudem verstand, was uns auf der Seele lag – das Motorradrennen Bol d'Or. Mit verstecktem Grinsen und sichtbarem Mitleid machte er mir klar, dass das Rennen in diesem Jahr nicht in Le Mans gestartet werde, sondern auf dem Ciruit Paul Ricard.

Und wo war der?

Schlappe eintausend Kilometer im Süden an der Cote d'Azur. Als uns der Sachverhalt noch an zwei anderen Stellen bestätigt worden war, fanden wir uns damit ab. Es war inzwischen 14:00 Uhr. Ratlos war kein Ausdruck. Es gab auf den ersten Blick eineinhalb Möglichkeiten. Umdrehen, nachhause fahren und sich dem Spott des ganzen Oberlandes auszusetzen. Wie konnte man so dumm sein und tausend Kilometer hinter sich legen, ohne sich vorher überzeugt zu haben, dass ein Rennen stattfinde. Die andere halbe Möglichkeit war, die Kleinigkeit von weiteren schlappen tausend dranzuhängen.

Vicky protestierte. Doch wir konnten sie überzeugen, dass es heim genausoweit sei und hier in Le Mans übernachten und morgen fahren, nichts bringe, da wir nicht einmal den Zieleinlauf mehr zu sehen bekämen. Hier nächtigen und die Stadt ansehen, wurde einstimmig sofort ausgeschlossen. Wir hatten in der Stunde, die wir hier waren, nichts, aber auch gar nichts entdeckt, was einladend ausgesehen hätte. Und da niemand mit uns sprechen wollte, hieß es: Tanken und ab nach Süden.

Ich nahm die Beifahrerin auf mein Motorrad, da sie es nicht mehr auf der, durch den Lederhöcker am Ende stark verkürzten Honda-Bank aushielt. So verringerte sich das Leistungsgewicht der BMW erheblich. Die Zuladung war zwar nicht hoch, aber knappe 60 Kilo zusätzlich bei 50 PS, machten sich beim Beschleunigen bemerkbar. Andererseits bekam ich jemanden, der mir in der Nacht den Rücken wärmen konnte. Im Zentral-Massiv konnte es um diese Jahreszeit sehr frisch werden. Zum Glück wurde es das nicht. Sonst wäre sie mir da hinten sicher erfroren.

Dank der meist dreispurigen Straßen kamen wir zügig voran. Ab Mitternacht hatten wir alle drei für uns. Zigarettenpausen wurden auf das Lebensnotwendige beschränkt.

Auf den letzten Kilometern wurde es hell, als wir die Rennstrecke Paul Ricard bei Le Castellet erreichten. Uns fehlten noch sechs auf die zweitausend. Auf diese kleine Zugabe verzichteten wir ohne viele Worte. Nach sechsundzwanzig Stunden wussten wir aus eigener Erfahrung, was ein 24-Stunden-Rennen war, auch wenn wir zwei überzogen hatten. Ziehen wir die Pause in Le Mans ab, kommen wir der Sache wieder näher; wir waren aber ohne Fahrerwechsel unterwegs.

Das Zelt war schnell aufgestellt. Nach einem kurzen Blick auf die Rennstrecke verlangten unsere Körper ihre Ruhe, und zwar ausgiebig.

Zwei Stunden später weckte uns die Sonne. Die Müdigkeit war jedoch zu groß. Wir hörten das Rennen. Gegen 11:00 standen wir auf, schließlich hatten wir 70 Francs Eintritt bezahlt. Wir sahen uns ein wenig auf dem angeschlossenen Volksfest mit allerlei Buden, Motorradausstellung, Kart-Bahn und sonstigem Schnickschnack um.

Das Rennen war nicht unbedingt das Gelbe vom Ei. Vielleicht weil wir nicht von Anfang an dabei gewesen waren? Weil irgendwie keine Stimmung war? Das Fiebern der Zuschauer fehlte, wie wir es von anderen Rennstrecken gewohnt waren. Wer konnte und wollte schon 24 Stunden dasitzen und den Motorrädern zusehen, wie sie um die Strecke hetzten. Selbst die beiden Deutschen, Helmut Dähne (Eckert-Honda) und Hans-Otto Butenuth (Michel-BMW), konnten unseren Enthusiasmus nicht steigern. Vielleicht waren wir nur zu kaputt?

Ab 13:30 setzten wir uns auf die Tribüne vor dem Ziel und harrten der Dinge, die da kommen sollten. Das geschäftige Treiben an den Fahrerboxen hatte nachgelassen. Es gab nichts mehr zu tun. Der derzeitige Pilot musste die Maschine nur noch ins Ziel bringen.

Gegen 14:30 stieg die Spannung ein wenig. Dank Anzeige und Lautsprecher-Durchsagen konnte man sich die Führenden herauspicken. Wer wird die 50.000/20.000/10.000 ff Preisgeld für Platz 1 bis 3 mitnehmen? Und noch wichtiger, welche Marke.

Brünn 1981 und 1982

Am 30. August 1981 war wieder einmal Weltmeisterschaftslauf für Motorräder in Brünn in der damaligen Tschechoslowakei, heute Tschechien.

Am Vortag hieß es bei uns: Auf, hinter den Eisernen Vorhang. In Sauerlach auf die Autobahn Richtung Salzburg und Wien. Kurz vor der österreichischen Hauptstadt auf die Landstraße gen Norden, über die Grenze in den Ostblock und ab da war es nicht mehr weit – eine Gesamtstrecke von knapp sechshundert Kilometer, eine Mittelstrecke für mich. Pauli bezeichnete es als Langstrecke.

An der Grenze in die Tschechoslowakei fühlten wir uns zuerst unsicher. Die West- zeigte genauso ihre Wirkung wie die Ostpropaganda. Ich war etwas ruhiger, da ich 1965 in der DDR und Litauen, damals Sowjet Union, gewesen war und das Ganze jetzt überwiegend als Show betrachtete. Aber man konnte ja nie wissen.

Wie reagierten die? Wie sollten wir uns verhalten? Sperrten die wirklich jeden gleich ein, der eine falsche Bewegung machte oder etwas Falsches sagte?

Zwei oder drei Schlagbäume hintereinander und ein paar Betonsperren und Jungs mit umgehängten Maschinenpistolen. Ihnen war anzusehen, dass sie sich sicher waren, dass niemand mit Gewalt in den Ostblock reisen wollte. In die andere Richtung vielleicht, aber dorthin war wenig Verkehr.

Unter die einreisenden Motorrad- mischten sich nur vereinzelt Autofahrer. Der Grenzübertritt ging ruckzuck. Ich würde sagen, unter einer viertel Stunde. Schnell war klar, dass zwar viele Grenzschützer und Beamte den Posten bevölkerten, niemand aber einen großen Aufwand machte. Helm runter für den Abgleich Gesicht und Passfoto und ab in die Wechselstube für den Zwangsumtausch. Meiner Erinnerung nach war er nicht so hoch wie in der DDR. Das Visum hatten wir schon in Deutschland bekommen. An der Grenze wurden keine ausgestellt. Und falls doch hätten wir im Ablehnungsfall unverrichteter Dinge zurückfahren müssen. Dafür war uns die Zeit zu schade.

Wie sollte man das für Tschechen viele Geld ausgeben? Uns fehlte die Erfahrung.

Um Tipps vorzubeugen, für die Rotlichtszene war es definitiv zu wenig. Außerdem hätten wir uns nicht getraut, da Prostitution verboten war. Zudem waren wir weder die Typen für so etwas, noch hatten wir Zeit. Es gab Gerüchte, dass es sich um Spitzel handeln könnte. Wer wollte schon im Gefängnis landen und nur freikommen, wenn er sich als Spion für den Osten anwerben ließe. Was blieb übrig, als speisen zu gehen. Wofür wir unser Verpflegung mitgebracht und von Lagerfeuer und Grillwürstchen geträumt hatten?

Kurzum, einmal gingen wir essen und bekamen auch einen Platz im Restaurant, was nicht leicht war. Weiße Tischdecken, etliche Ober in schwarzen Hosen und weißen Fracks. Es war ein besseres und wir hatten Westgeld. Vielleicht hatten wir deshalb einen Platz bekommen. Und was soll ich sagen? Das Schnitzel kostete weniger als die Hälfte von dem, was es bei uns in einer Landgaststätte kostete, war dafür aber doppelt so groß. Ehrlich, ich habe meines nicht geschafft und ich war ein guter Esser. Übrigens nannte man Landgaststätten damals noch Wirtschaft.

Was tun mit dem restlichen Geld. Sowohl die Aus- wie die Wiedereinfuhr waren verboten. Wegen Devisenvergehens wollten wir uns nicht dran kriegen lassen. Wegwerfen? War, glaube ich, auch strafbar, irgendwas mit Missachtung oder so. Souvenirs kaufen? Es gab nur hässliche Rennfotos.

Am nächsten Tag bot sich eine Lösung an. Wir saßen an einem Hang auf der Wiese und konzentrierten uns auf das Rennen. Da sprach uns ein junger Kerl mit sächsischen Dialekt an.

Ihr sed doch aus dem Westen.

Während wir um uns blickten, bejahten wir die Frage. Für uns schien es verdächtig, dass uns jemand aus der DDR ansprach. Soweit wir wussten, war es den Ostdeutschen verboten, mit Westlern Kontakt aufzunehmen. Konnten auch wir deswegen belangt werden? Uns war nichts zu dem Thema bekannt. Wie würden die Tschechen reagierten? Die DDR wird hier ja wohl nichts zu sagen haben. Hoffentlich.

Wir hatten nach kurzer Zeit einen neuen Freund. Seine Eltern blieben abseits und beobachteten das Ganze. Ihre Bedenken waren größer als die ihres Sohnes. Der quatschte munter drauf los und klärte uns über das Leben an sich auf. Vom Rennen bekamen wir kaum mehr etwas mit, außer wenn wir die Stimme heben mussten, um einen Zweitakter zu übertönen.

Wir erfuhren, dass in der DDR die Bevölkerung – entgegen unserem Wissen – nicht in Armut lebte. Bei Lutz, so hieß der junge Mann aus Leipzig, standen im Keller drei Gefriertruhen. Wir staunten. Das war mehr, als wir zuhause hatten. Schnell klärte er uns auf, dass die gehortet würden, um sie gegen etwas anderes eintauschen zu können. Das mit dem archaischen Tauschhandel stimmte also.

Als die Rennen vorbei waren, trennten wir uns und gaben ihm unsere restlichen tschechischen Kronen. Erst als wir ihm klarmachten, dass wir sie anderenfalls wegwerfen würden, da eine Ausfuhr …, nahm er sie. Wir verabredeten uns für das kommende Jahr am selben Ort. Eigentlich glaubten wir nicht daran. Dass sich sein Staat nach Lutzens jugendlichen Optimismus richten werde, wagten wir zu bezweifeln.

Dann ging es heim, bis Wien gen Süden und dann nach Westen.

Im Jahr darauf fuhren wir wieder zum Rennen nach Brünn. Diesmal einen Tag früher, am 28. August 1982, am folgenden waren die Rennen. Lutz hatte geschrieben, er werde kommen. Was blieb uns übrig?

Wir verbrachten mehr Zeit zusammen und lernten seine Familie kennen. Er brachte mir einen Prospekt des aktuellen Trabant mit. Wir, West wie Ost, amüsierten uns über die technischen Neuheiten, wie Intervallschalter für den Scheibenwischer. Diese Errungenschaft hatte bei uns schon zehn Jahre vorher kaum mehr Beachtung in einem Prospekt hervorgerufen. Eher wäre ein Fehlen im Fahrzeug bemängelt worden.

Die Freundschaft zwischen Pauli und Lutz ging noch Jahre weiter, vorerst nur schriftlich, da wir nicht jedes Jahr kommen konnten. Nach der Wende kam Lutz in den Raum München.

Eines sei erwähnt. Bei der Einreise 1982 in die Tschechoslowakei deutete der neben mir stehende Grenzer, der mir den Pass aushändigte, auf meinen Gasgriff und mit einer drehenden

Handbewegung. Ich sah auf den Griff und wusste nicht, was er wollte.

Wieder machte er die Bewegung, diesmal näher am Griff. Der wollte doch nicht, dass ich Vollgas gebe? Dann hätten sie mich aus dem Verkehr gezogen. Ich wurde immer unsicherer. Was sollte das?

Wieder die Drehbewegung. Er redet auf mich ein. Mein tschechisch war damals genauso schlecht wie heute oder besser gesagt, nicht vorhanden.

Als ich immer noch nicht reagierte, schob er die flache Hand aufgerichtet von sich weg in Richtung Straße Landesinneres. Seine Kollegen amüsierten sich.

Als er merkte, dass ich nicht verstand, winkte er mir, ich solle fahren. Als ich in Brünn das Erlebte anderen Deutschen und Österreichern erzählte, klärten die mich auf.

Der wollte, dass du im Wheelie losfährst.

Darauf wäre ich nicht gekommen, da mein Motorrad aus Gewichts- und Leistungsgründen nicht imstande gewesen wäre.

Die Sitten im Ostblock schienen von Jahr zu Jahr legerer zu werden. Andererseits konnte man nie wissen.

Wenn ich das richtig in Erinnerung habe, müsste die 1981er-Fahrt meine erste größere mit der neu auf den Markt gekommenen Suzuki GS650G Katana gewesen sein, während die 82er mit der 1100 Katana gewesen sein müsste. Leider habe ich keine Fotos und Aufzeichnungen darüber. Die Reisedaten ergaben sich aus den Visa-Einträgen im Pass, der Rest aus Erinnerungen.

Irland 1991

Die Sonne schien, es war heiß. Agnes und Stefan saßen bei mir im Büro von BS motor. Es war Dienstag. Ab kommendem Wochenende hatten beide Urlaub. Sie mussten sich irgendwie durch die Woche bringen. Agnes war die für mich zuständige Außendienstlerin bei Suzuki und Stefan der vom westlich angrenzenden schwäbischen Gebiet. Dass wir uns öfters trafen, war Usus.

Beide haderten, wohin sie in Urlaub fahren sollten. Stefan sprach von irgendeinem Strand am Meer, jedoch ohne erkennbare Begeisterung. Agnes hatte null Plan. Sie hatte Irland in Erwägung gezogen, aber nicht allein.

Im Handumdrehen waren wir uns einig, dass wir zu dritt mit den Motorrädern auf die Insel wollten. Keiner von uns war vorher dort gewesen. Meine, als mehrmaliger Schottland-Fahrer, das letzte Mal drei Jahre zuvor, losgelassenen Schwärmereien trugen sicher auch zu dem Entschluss bei.

Am Freitag, den 9.8.1991 waren drei unterwegs Richtung Ärmelkanal. Zwei Suzuki DR Big und ich mit einer DR650. Bigs waren gerade aus bei BS motor.

In Ostende übernachteten wir und bestiegen am nächsten Tag die Fähre nach Folkestone, jenseits des Kanals. Im Süden an London vorbei über Stonehenge und Bristol Richtung Pembroke an der walisischen Küste. Dort schlugen wir unser Quartier im Coach House auf, einem kleinen Hotel.

Am nächsten Tag ging es vier Stunden mit der Fähre nach Rosslare in Irland. Wenig danach übernachteten wir.

Leider habe ich nur eine kleine Anzahl an Bildern von der Fahrt. In Erinnerung sind jedoch Pub-Abende und die Fahrt an den westlichsten Punkt Irlands.

Auf der Rückfahrt nach Dingle über eine Nebenstraße passierte es. Bums, lag Agnes mit ihrem Motorrad am Boden.

Die Straße hatte sich durch die Gegend geschlängelt. Die typischen, über mannshohen Steinmauern hatten die Sicht um jede Biegung verdeckt. Wir waren mit einer Geschwindigkeit, knapp über Schritttempo gefahren.

Um eine Kurve kam ein VW-Bus geschossen. Und schon lag Agnes da. Der Fahrer stoppte kurz. Als er im Rückspiegel sah, dass sich Agnes bewegte, fuhr er weiter.

Ich half ihr auf und schickte Stefan hinter dem Raudi her. Zu erwähnen ist, dass es sich um einen Deutschen mit Freisinger Kennzeichen handelte. Einer von der Insel wäre nie weitergefahren. Stefan überredete ihn, umzukehren, da er sonst mit einer Anzeige wegen Fahrerflucht rechnen müsse.

Knapp zehn Minuten später kamen die beiden zurück. Wenig beeindruckt und widerwillig rückte der Verursacher seine Personalien und Fahrzeugdaten heraus. Seine erste Aussage war, er hätte den Unfall nicht bemerkt. Als wir ihn darauf fragten, warum er dann gebremst und kurz stehen geblieben sei, sagte er, der Motorradfahrer habe sich erhoben, und er habe geglaubt, es sei nichts passiert. Er konnte nicht gesehen haben, dass Agnes aufgestanden war, bestenfalls, dass sie sich gerührt hatte. Denn sie stand erst auf, als ich ihr aufhalf. Ich musste vorher von meinem Motorrad absteigen. Da war er schon weg. Unsere Argumente ließen ihn einlenken.

Wären wir nicht so bestimmt aufgetreten, hätte Agnes wahrscheinlich nichts gegen ihn ausgerichtet. Sie hatte Kratzer am Motorrad und an der Lederkombi. Der rechte Stiefel hatte starke Spuren und der Reißverschluss war hinüber. Soweit der Sachschaden. Dazu kam, dass sie kaum auftreten konnte.

Mit langsamer Fahrt ging es weiter. Solange sie auf der DR saß, war es auszuhalten. Das Bremsen mit der Hinterbremse vermied sie weitgehend. Die Motorbremse des 800 ccm-Einzylinder wirkte und bei Schleichfahrt musste sie die Hinterradbremse nicht allzu oft betätigen.

Nachdem sie am Tagesziel ihren Stiefel ausgezogen hatte, schwoll der Knöchel richtig an. Wir diskutierten über einen Abbruch der Reise und wie ihr Motorrad nach Deutschland zu bringen sei. Das hätte der ADAC erledigen können, aber unser Urlaub wäre total zerstört gewesen.

Am nächsten Morgen war das Gelenk trotz kalter Umschläge nicht recht viel besser geworden. Ich glaube, wir legten einen Ruhetag ein. Der Fuß beruhigte sich und wir konnten weiterfahren.

In Erinnerung habe ich, dass Agnes ihren materiellen Schaden von der Versicherung des Freisingers ersetzt bekommen hat. Über den Rest haben wir nicht mehr gesprochen.

Dublin habe ich als nicht besonders anziehend empfunden. Irgendwie verdarb der Umbruch vom alten zum neuen Dublin die Atmosphäre. Von der irischen Hauptstadt ist mir in erster Linie die Guinness-Brauerei mit ihrer Größe in Erinnerung und dass dort an einer Seitenlänge der Mauer der Bus an drei Haltestellen nacheinander stoppte.

Ach ja – und das Hunderennen in Shelbourne Park, das war für uns völlig unbekanntes Terrain. Es fand am Abend unter Flutlicht statt. Kein Tourist, außer vielleicht uns, war zu erkennen. Das hatte etwas. Würde ich wieder machen, vor allem der Typen wegen, die dort das Publikum abgaben. Allein sie wären ein Buch wert.

Halbprivates – Reisen mit der DR Big

Es folgen drei Reisen, von denen zwei im Band *Die BS motor-Zeit* stehen könnten. Sie fanden in dieser Zeit statt, haben aber nur indirekt mit dieser Firma zu tun. BS motor war das Bindeglied zu Suzuki Deutschland. Federführend bei Suzuki war Bert Poensgen.

Ausgeführt habe ich die Trips im Namen von mhs Motorradtouren, einem Veranstalter für weltweit geführte Motorradreisen. Meinem jüngsten Bruder gehörte diese Firma.

Eine Schottland-Fahrt im September 1988 mit Besuch der Highland Games in Braemar verdient hier nur Erwähnung, da ich sie ausgearbeitet hatte und Tourguide war. Keine Vorkommnisse.

Sizilien DR Big

Am zweiten Weihnachtsfeiertag 1987 brachen wir auf. Pkw mit drei Motorrädern auf dem Anhänger. Walter aus Linz mit seiner BMW, Herbert, mein Bruder als Autofahrer mit einer GR650 auf dem Hänger, dass er in Sizilien nicht nur mit dem Auto hinter uns herfahren musste, und ich.

Für mich war die brandneue, blau und weiße Suzuki DR BIG bestimmt[1]. Brandneu hieß in diesem Fall, noch nicht gefahren und das erste Fahrzeug dieser Baureihe. Dass es das erste war, ließ sich aus der Fahrgestellnummer ablesen., SR41B...001. Sie trug die Nummer 1. Und vor mir hatte sie nicht einmal die Presse, sprich die Zeitschrift *Das Motorrad* zu Gesicht bekommen, geschweige gefahren. Dass es deswegen Ärger gab, als die Redakteure dies mitbekamen, erfuhr ich ein viertel Jahr später. Da war aber nichts mehr zu machen. Wahrscheinlich bekam die Zeitschrift ein anderes Zuckerl als Trostpflaster.

Warum hatte ich sie vor der Presse? Wie erwähnt, mein Bruder betrieb die Firma mhs Motorradtouren. Er war gerade dabei, den Katalog für 1988 zu erstellen. Bert Poensgen, mein Bruder und ich waren uns schon im Vorfeld einig, dass die Big die ideale Reisemaschine werden wird. mhs stellte in Aussicht, wenn eine Testfahrt zufriedenstellend verlaufe, eigene DR-Big-Touren zu veranstalten. Auch über BS motor sah ich erhebliches Verkaufspotential. Zudem kannte man sich.

Wenn *Das Motorrad* die Big sofort nach Eintreffen in Deutschland erhalten hätte, wäre es für die beabsichtigten Bilder im mhs-Katalog zu spät geworden. Die Zeitschrift hatte zwar alle Fahrzeuge so gut wie immer als erste, aber hier gab es einmal eine Ausnahme.

Unter dem Siegel der Verschwiegenheit, bis wir wieder zurück seien, vertraute mir Bert das Fahrzeug an. Das sollte sich auch für Suzuki auszahlen. BS motor war im ersten Jahr[2] der erfolg-

---

[1] Einzylinder-Enduro, 727- ccm, 50- PS, 29l-Liter-Tank

[2] 1988

reichste DR-Big-Händler in Deutschland. Dies führte im folgenden Jahr indirekt zu meiner Teilnahme an der Suzuki-Türkei-Reise. Davon später.

Wir fuhren über den Brenner nach Italien, die Bikes auf dem Hänger. Schnee lag bis zur Poebene. Eigentlich wollten wir ab hier mit den Motorrädern auf der Straße fahren. Aber es war nass und bitterkalt. Deshalb luden wir erst in Neapel ab. Die Temperaturen wurden erträglich und der Wetterbericht versprach, dass sie am nächsten Tag gut in den zweistelligen Bereich klettern werden.

Ab jetzt erregten wir Aufsehen. Nicht nur, weil wir einige der sehr wenigen Motorradfahrer oder gar Ausländer zu dieser Jahreszeit waren. Die Big fiel auf. Durch ihre Höhe, Farbe und Form. Niemand in Italien hatte so ein Motorrad vorher live gesehen. Wenn wir anhielten, wurden wir ausgefragt. Zum Glück konnte ich extrem wenig italienisch, dass die Arbeit mit dem Antworten an meinem Bruder hängen blieb.

Unsere Fahrt führte rund um Sizilien. Eine Woche fast ohne Touristen von Messina über Taormina, Syrakus, Agrigent, Palermo zurück zur Fähre aufs Festland. Wir fanden viele Hintergrundmotive für die Fotos mit der DR Big, Zitronenhaine, Ruinen, die Lavafelder des Ätnas. Das Wetter spielte mit und blieb angenehm warm.

Das Fazit über die Big nach der Fahrt war, dass wir alle drei begeistert waren. Walter etwas eingeschränkt, da er kleiner als ich, mit den Beinen nicht so richtig auf den Boden kam. Ich hatte gerade so das Mindestmaß an Beinlänge. Ich kam mit beiden Zehenspitzen gleichzeitig auf. Wenn ich angehalten hätte, mit dem Fuß in einer Senke, wäre ich gekippt.

Tipps bei späteren Verkaufsgesprächen wurden: Stiefel mit höheren Sohlen tragen oder das Fahrwerk tiefer legen. Die Big war eben nichts für Leute unter 175 cm Größe oder kurzen Beinen.

Dolomiten 1988

Auch diese Fahrt könnte im Buch *Die BS motor-Zeit* stehen, denn ich nahm im Auftrag von Suzuki teil, oder war es doch mhs Motorradtouren. Irgendwie war es beides. Die Geschichte steht aber nicht deswegen hier, sondern weil sie eine private Komponente hat.

Suzuki hatte mehrere Aktionen laufen, um die DR Big ins Gespräch zu bringen, u. A. diese:

Bei einem Teil der Händler hatte es per Preisausschreiben ein Wochenende in den Dolomiten vom 17. - 19. Juni 1988 für zwei Personen zu gewinnen gegeben. Die Firmen stellten die Fahrzeuge und Suzuki zahlte vom Sprit über Essen und Übernachtung den Rest. Fünfzig Händler hatten an der Aktion teilgenommen.

Der Start war bei BS motor in Wolfratshausen. Hier war Treffpunkt für alle. Bis hierhin mussten die Gewinner selbst fahren. Spätestes Eintreffen sollte 14:00 Uhr sein.

Wenn in etwa zehn bis fünfzehn Leute beisammen waren, startete die Gruppe unter Führung von Außendienstlern von SD. Suzuki hatte zudem Jutta Kleinschmidt überredet, mitzumachen. Sie hatte in diesem Jahr erfolgreich an der Rallye Paris-Dakar mit dem Motorrad teilgenommen. Pauli übernahm eine Gruppe. Er hatte darauf bestanden, mit seiner Moto Guzzi zu fahren. Na gut, die Reise ging nach Italien.

Um 14:00 Uhr fehlten nur noch drei Teilnehmer. Wir warteten zu zweit. Irgendwann kam einer. Es fehlten immer noch zwei. Wir warteten weiter und langweilten uns. Niemand rief an.

Es war inzwischen 16:00 Uhr. Ich war ziemlich sauer, da wir statt einer gemütlichen Tour einen Teil der Strecke auf der Autobahn hetzen mussten, wenn wir noch etwas vom Abendessen erwischen wollten.

Wir fuhren los, den Wolfratshauser Berg auf der alten Straße hinauf. Und hier beginnt der private Teil.

War ich zu aufgeregt wegen der Verzögerung? Jedenfalls betätigte ich mich in der vorletzten Kurve als Steilwandfahrer; heißt, ich verließ die Straße und fuhr im Gras auf der bergseitigen Böschung. Das ging nicht gut. Das Motorrad kippte, als ich das Gas wegnahm. Kurz vor dem Stand lag ich da. Fußraste verbogen und Lenker abgebrochen. Hätte ich Gas gegeben, wäre nichts passiert.

Zurück zum Firmengelände. Teile waren natürlich nicht auf Lager. Mit einem anderen Motorrad wollte ich nicht fahren. Was blieb uns übrig. Wir bauten die Teile von einem Ausstellungsfahrzeug ab und montierten sie an meiner DR.

Hier endet der rein private Teil.

Eine dreiviertel Stunde später waren wir endgültig unterwegs. Wir schafften es geradeso bis zum Abendessen ins Hotel Santer in Toblach.

Ansonsten war es ein Wochenende, wie es so abläuft. Abends Getränke. In Regenkombis mehrere Pässe rauf und runter, als Gaudi-Rallye getarnt. Hier ging es Mann gegen Mann oder besser Paar gegen Paar. Mir fällt heute dazu nur *Brrr* ein.

Zu gewinnen gab es auch etwas – dritter Platz einen Helm, zweiter eine Goretex-Kombi und der erste eine Woche Piemont auf einer geführten Tour von mhs. Somit hatte der Gewinner der Rallye zwei Reisen gewonnen. Der Teufel sch… immer auf den größten Haufen.

Weitere Zwischenfälle, außer vielleicht ein paar dicker Köpfe, gab es nicht.

Jeder gute Motorradfahrer muss dreimal auf die Nase geflogen sein. Aber auch nicht öfter. So hieß es. An diesem Tag hatte ich nach achtzehn Jahren fahren auch dieses Ziel erreicht. Nachdem ich später nicht mehr gestürzt bin, rechne ich mich zu den nicht ganz schlechten Fahrern. Für die, die es vergessen haben. Das erste Mal war zur Fähre auf der Isle of Man. Das zweite Mal mit der Silver Suzi[1] und eben jetzt.

Türkei Suzuki 1989

Wie das genau angefangen hat, ist mir inzwischen nicht mehr völlig klar. Fakt war, bei Suzuki war unter den Händlern ein Wettbewerb gelaufen, wer die meisten Motorräder in diesem Jahr bis zu irgendeinem Zeitpunkt verkauft hatte. Die fünfzig Besten gewannen eine Türkeireise. Nach meinem Wissen war BS motor knapp nicht unter diesen gewesen. Fünfzig und DR Big bildeten bei Suzuki lange eine Einheit.

Auf wundersame Weise kamen wir doch unter die Gewinner mit der Begründung, wir seien die besten DR-Big-Verkäufer gewesen. Hatte einer abgesagt? Oder?

Ich wollte nicht mit, da ich zwei Türkeireisen hinter mir hatte und ein so großer Haufen auf so lange Zeit nicht mein Ding war. Vielleicht überwog die Enttäuschung, dass mhs Motorradtouren als Veranstalter nicht zum Zuge gekommen, bzw. gar nicht gefragt worden war. Zur von mhs organisierten Dolomitenfahrt hatte es ausschließlich Lob gegeben. War die Türkei-Fahrt schon vorher vergeben gewesen? Ich konnte mir keinen Reim drauf machen.

Letztendlich überzeugte mich mein Bruder, dass ich mitfahren sollte. Wenigstens zwecks Berichte. Suzuki hatte durchblicken lassen, dass dies ein Pilotprojekt sei und an spätere, ähnliche Touren mit Kunden gedacht sei.

Bei zukünftigen Verhandlungen konnte das Wissen aus erster Hand nützlich sein. So ließ ich mich breitschlagen. Suzuki übernahm sämtliche Kosten wie Übernachtung, Verpflegung und Sprit. Nur mit dem eigenen Fahrzeug musste ich antreten, möglichst mit DR Big. Dies galt auch für die Händler. Wer keine zugelassene hatte, *durfte* ausnahmsweise mit einer anderen Suzuki teilnehmen.

---

1 Steht im Band *Die BS motor-Zeit* im Kapitel Suzuki GSX750EGT

Kurzum, Treffpunkt war Venedig an der Fähre, 3. Oktober 1989. Die meisten Händler reisten in Gruppen an, wie man sich so kannte. Unser Haufen mit den Suzuki-Leuten übernachtete in den Dolomiten.

Mit der Fähre ging es durch die Adria, den Kanal von Korinth, über Athen nach Izmir. Fahrtdauer an die sechsunddreißig Stunden. Wir hatten gut warme Innen-Kabinen. Die Lautstärke tat ihr Übriges, dass sich drinnen nur die aufhielten, die todmüde waren. Am Essen gab es nichts auszusetzen.

Im Kanal von Korinth war zu erkennen, dass die Fähren nach dessen Maß gebaut waren. Zu den senkrechten Kanalwänden links und rechts waren es gefühlt ein, zwei Meter. Oben leuchtete ein Streifen Himmel.

Abends kamen wir in Athen an. Ich verließ das Schiff nicht, aber sah mir die auffallend schönen und vielen Mädchen von der Reling des Oberdecks aus an. Hier hatte man den besten Überblick.

Als es dunkel war, legte das Schiff wieder ab und fuhr weiter gen Osten.

Am Morgen in Izmir angekommen ging es zuerst einmal zwecks Kultur nach Ephesus. Einige verweigerten den Bildungsabstecher und verbrachten die Wartezeit in einem Café vor den Ruinen.

Danach bewegte sich der Tross nach Kusadasi, wo wir in einer modernen Betonburg übernachteten. Abends wurde im Ort im ersten Stock eines halb fertigen Neubaus Bauchtanz geboten. Teilweise fehlten noch Außenwände. Mein Geschmack war der Trubel nicht. Neunzehn Jahre zuvor hatte ich schon einmal an einem türkischen Küstenort an der Ägäis übernachtet, neben einer Tankstelle bei Ayvalik. Wir hatten es nach der Fahrt durch das Innere der Türkei so schön gefunden, dass wir spontan drei Nächte geblieben waren.

Kusadasi war wie jedes andere Touristenzentrum, gesichtslos, kein Flair. Es gab andererseits genug Leute, denen hatte es gut gefallen, dass sie nach dem Bauchtanz bis zur Früh nicht ins Hotel wollten.

Am nächsten Morgen brachen wir auf ins Landesinnere über Pamukkale Richtung Konya. Ich glaube, in Konya war es, wo wir von der Polizei durch die Stadt gelotst wurden. Über fünfzig Motorräder ergaben eine Schlange von fast einem halben Kilometer. Voraus fuhr ein Polizeiwagen mit Blaulicht. An jeder Kreuzung wurde der Verkehr aus den Einmündungen von Polizisten gestoppt. Wir hatten freie Fahrt wie Staatsgäste. Entsprechend war die Aufmerksamkeit der Menschen auf den Gehwegen vor den Geschäften und Cafés.

Das war der einzige Punkt, bei dem ich dachte, ihn hätte ich nicht so organisiert hinbekommen; dafür aber eine Menge andere.

Bereits am zweiten Tag hatte sich herausgestellt, dass sowohl der Reiseführer als auch der Veranstalter wenig Ahnung von Motorradfahrern, und erst recht nicht von großen -gruppen, hatten. Die Reiseleitung sahen wir nur an den Treffpunkten. Sie fuhr mit dem Auto, was wegen der Berge von Reiseunterlagen und wahrscheinlich Genehmigungen noch anging. Aber ein einziger Tourguide mit dem Motorrad, bei fünfzig plus Fahrzeugen? Auch der hatte keine Ahnung vom Gruppenfahren.

Jeder, der das schon gemacht hat, weiß, dass selbst bei gleichen Motorisierungen unterschiedliche Fahrweisen und Geschwindigkeiten üblich sind, ergo Lücken entstehen. Einer bleibt stehen. Technische Probleme, ein Zwicken hier oder da. Die einen überholen, die anderen halten an und helfen. Jedenfalls werden aus der einen Gruppe zwei und so fort. Bereits bei zehn Motorrädern bekommt der Vorausfahrende oft nicht mit, was der Letzte macht.

Wie sollte das bei der fünffachen Menge gehen? Ich war von Anfang an gegen die Fahrt in einer einzigen Gruppe gewesen. Doch jetzt war nichts mehr zu machen, da nur ein Ortskundiger dabei war. Und der fuhr voraus.

Als ich beim Mittagessen die Problematik ansprach, wurde sie abgetan, dass es nicht vorkommen könne, dass wir uns verlieren. Wenigstens unter den Teilnehmern wurden anschließend die einfachsten Regeln durchgekaut. Auch hier gab es manche, die zum ersten Mal darüber Gedanken anstellten. Am Schluss übernahm ich freiwillig für den Rest der Reise die Position des Lumpensammlers[1]. Es sollte sich mehrmals sinnvoll herausstellen.

Einmal mitten in Kappadokien riss die Truppe auseinander. Wir standen mit zwanzig Mann in der Wüste an einer Weggabelung und hatten keine Ahnung, wohin. Uns war das Zwischenziel nicht vorab mitgeteilt worden. Geheim oder Improvisation? Also sandte ich in jede Richtung einen Kundschafter aus.

Es hatte nicht geklappt mit der Anweisung, dass jeder stehenbleiben solle, wenn der Fahrer hinter ihm zurückbliebe. Es konnte zwar dauern, bis der Este etwas mitbekam, aber in der Regel funktionierte es. Der Letzte sollte an der Abzweigung einfach warten.

War alles für die Katz. Wir reden von einer Zeit, als es noch kein Handy gab. Und selbst wenn, dann hätte es hier sicher kein Netz gegeben.

Nach etwa einer viertel Stunde kamen beide Ausgesandten zurück. Der eine allein, der andere alle Vorausgefahrenen im Schlepptau. Ich schüttelte nur den Kopf und ersparte mir eine Reaktion. Übrigens zog der, der die Lücke entstehen lassen hatte, nur die Handschuhe aus, weil sie ihm zu warm geworden waren.

In Kappadokien sollten wir in den Höhlenhäusern übernachten. Die winzigen Zimmer hatten einen gewissen Reiz. Mir gefiel es.

Noch nicht alle hatten ihre Räume bezogen, da hörte ich Geschimpfe von draußen. In etlichen kam kein Wasser aus dem Hahn. Duschen, Fehlanzeige. Nach einigem Palaver mit der Reiseleitung wollte ein Teil in eine luxuriösere Unterkunft, der

---

[1] Letzter Fahrer des Trosses

anderer war für Hierbleiben. Das Ergebnis war, da nur ein Guide, alle mussten wieder einpacken und weiterfahren.

Wir fuhren zu einem Hotel, etwa fünf Minuten entfernt, oben auf dem Plateau. Neuer Betonbau, geschmacklos, Blick auf rundum Wüste. Nur am Eingang gab es ein paar kürzlich gepflanzte Bäumchen, die einzige Andeutung von Grün. Kein Rasen, kein Strauch. Das Hotel war kurz vorher eröffnet worden. Es wäre für die folgende Nacht als Bleibe vorgesehen gewesen. Eine urig, die nächste Luxus mit Klimaanlage und allem möglichen Schnickschnack. Ich konnte die Leute nicht verstehen, die es nicht eine Nacht in den Höhlen ausgehalten hatten. Egal.

Ab diesem Tag wurden täglich Zwischen- und Tagesziele an alle Teilnehmer herausgegeben. Trotzdem wiederholten sich Zerreißproben noch ein paarmal. Null Lernfähigkeit.

Es ging weiter hinunter zur Mittelmeerküste, an der Küste entlang nach Izmir und mit der Fähre auf gleichem Weg zurück bis Venedig. Es geschah nichts mehr, was nicht jeder Tourist ebenfalls erleben könnte.

Ach doch, ein Goldkettchen für die Frau und ein Schachspiel habe ich mir geleistet und mit in die Heimat genommen.

Geschehen ist dann später etwas. Im Dezember 1993 schrieb das Finanzamt an BS motor. Aufgrund einer Kontrollmitteilung wollten sie wissen, wie die Reise bei uns versteuert worden sei. Der geldwerte Vorteil sei als Betriebseinnahme zu behandeln. Das war natürlich nicht geschehen, da ich nicht als Begünstigter von BS motor und auch nicht privat gefahren war.

Dies müsste mhs angelastet werden, hätte aber keine Relevanz, da die Reisekosten dort als Betriebsausgaben berücksichtigt hätten werden müssen. Ausarbeiten von Touren sind solche. Das leuchtete dem Sachbearbeiter beim Finanzamt ein. Es ging ein wenig hin und her, da ich als Teilnehmer von BS motor bei Suzuki Deutschland aufgeführt war.

Mir war klar, dass Suzuki nur Händler aufführen konnte, da es sonst bei ihrer Buchprüfung Probleme und Diskussionen geben hätte können. Dies kam ebenfalls zur Sprache. Schließlich einigte ich mich mit dem Finanzbeamten, dass er die Sache auf Eis lege. Irgendwann sei sie verjährt.

Eine Klärung hätte voraussichtlich nur mit Streit stattfinden können. Nachdem ich nie Probleme mit dem Finanzamt gehabt hatte, war es ein guter Mittelweg. Vielleicht hatte der gute Mann in Erinnerung, dass BS motor bei einer Betriebsprüfung Geld vom ihnen zurückbekommen hatte, weil bei der Behörde, wie auch bei unserem Steuerberater, ein klar erkennbarer Zeilenrutscher übersehen worden war.

1997 kramte ein neuer Sachbearbeiter im Finanzamt den Fall aus. Die Diskussionen gingen von vorne los. Lange Rede, kurzer Sinn. BS motor zahlte die Körperschaftsteuer und Zinsen, weil ich einen im Ausgang ungewissen Rechtsstreit vor Gericht vermieden wollte. Ich war der Diskussionen müde.

Kosten, die nicht mehr absetzbar waren: 2.235,00 Mark. Mein Ärger darüber verflog erst, als das Finanzamt auf andere Weise den Betrag gezahlt hatte. Das war das einzige Mal in meinem Leben. Das Finanzamt hat von mir immer, seinen ihm zustehenden Obolus erhalten.

Für den Betrag, der an das Finanzamt floss, hätte ich eine Türkeireise privat zweimal finanzieren können.

‘Sagen Sie nicht Rocker …‘

Ein Inserat, das es in sich hatte und welches das Klima um Motorradfahrer in den 70er Jahren widerspiegelt.

Als man nicht mehr von nur ein paar Motorrädern auf Deutschlands Straßen sprechen konnte, wurden diese Verkehrsteilnehmer auch in den Medien präsenter. Die neue Generation Fahrer in den 70ern war wirklich eine neue. Viele verspürten die Nachwehen von Easy Rider, auch wenn inzwischen Jahre ins Land gezogen waren. Sie hatte nichts mehr mit den Kradlern aus der Mitte des Jahrhunderts zu tun.

Das Motorrad war inzwischen schneller als die meisten Pkws. Die Beschleunigung der neuen Generation von motorisierten Zweirädern war für viele Autofahrer und Fußgänger schwer einzuschätzen. Was für die Straße zugelassene Bikes an Leistung boten, wäre ein paar Jahre zuvor ein Traum auf jeder Rennstrecke gewesen.

Schnell wurden alle Motorradfahrer als Raser und Rocker gebrandmarkt. Für manche stimmte es. Die Presse und das Fernsehen mischten bei dieser Polemik kräftig mit. Unsicherheit, Unverständnis und Neid waren die treibenden Kräfte gegen Motorradfahrer.

Das Image drohte eine bedenkliche Schieflage zu erhalten. In Hotels war es gang und gäbe, dass man mit Lederbekleidung abgewiesen wurde. Nicht aus Angst vor Schmutz oder Läusen. Dies geschah, weil man einen Imageschaden befürchtete. Die anderen Gäste könnten ja etwas gegen Motorradfahrer haben und dann nicht mehr kommen.

Dass das alles auf Polemik fußte und die Mehrheit der Gäste nicht so dachte, wurde verdrängt oder nicht zur Kenntnis genommen.

Die Ausgrenzung schweißte die Motorradfahrer eher zusammen, als dass sie ausgerottet worden wären. Ein paar, meist selbst Motorrad fahrende Wirte oder Pensionsbetreiber nahmen die Ausgestoßenen auf. Leider waren viel zu wenig Unterkünfte vorhanden.

Deutschland hatte endlich seine Neger. Ich erinnere mich an Schilder an Gaststätten, auf denen stand: *Motorradfahrer unerwünscht* oder *Keine Motorräder*. Ich bin mir sicher, dass diese Klientel ab den 90ern genau diesen Leuten sehr willkommen war. Einige machten später richtige Treffpunkte aus ihren Gaststätten.

1977 geschah ein werblicher Super-GAU, der die ganze Motorradbranche in Deutschland aufweckte. Suzukis Werbung für die

GS750 und die zeitlich in diese Zeit fallende Ermordung des Bundesgeneralanwalts Buback.[1]

Der Verband der Importeure und Hersteller setzte sich an einen Tisch und beschloss, zukünftige Werbung ohne reißerische Superlative zu gestalten, sowie eine sofortige, gemeinsame Imagekampagne.

BMW kam diese Linie der Werbung sehr entgegen. Die Technik ihrer Fahrzeuge war, was Zahlen anbetraf, den Japanern unterlegen. BMW konnte jedoch mit Zuverlässigkeit, Image und Wertbeständigkeit punkten. Am Imageverlust der Gesamtheit der Motorradfahrer änderten diese Inserate nur wenig.

Es musste eine Kampagne her, die Metierfremde aufklärte, dass Toleranz und Wissen ein besseres Zusammenleben im Straßenverkehr nach sich ziehe, als aufeinander herumzuhacken. Eine Werbeagentur kam auf die, wie ich heute noch finde, geniale Idee und den Slogan:

Sagen Sie nicht Rocker, es könnte ihr Chef sein.

Im Vordergrund ein Motorradfahrer mit Helm, im Hintergrund ein BMW-Pkw und ein BMW-Motorrad nebeneinander.

Unter jedem Helm hätte ein Chef stecken können. Das Motorrad war kein Arme-Leute-Fahrzeug mehr. Einige, die diese Werbung sahen, fingen an zu überlegen.

Selbst Fahrer japanischer Motorräder hatten die Seite aus Zeitschriften auf ihren Touren dabei und legten sie bei passender Gelegenheit an den Hotelrezeptionen vor.

Diese Werbung war mit ein erster großer Schritt zur Anerkennung des Mensch-Seins eines Motorradfahrers, um an das Amstrong-Zitat auf dem Mond anzulehnen.

Ob das Nicht-Rocker-Inserat ein von BMW oder mit dem Verband der Hersteller und Importeure gemeinsam geschaltetes Inserat war, konnte ich leider nicht eruieren. Bei BMW bekam

---

[1] Aus dem Zylinderchen geplaudert – *Die BS motor Zeit*, Kap. *Die Sportskanone für den Scharfschützen*

ich die Antwort, dass in ihren Unterlagen nichts zu finden sei, dass sie aber interessiert seien, wer, wann und wo für solch prägnantes Inserat gezeichnet hatte. Das Internet (Google und Freunde) stellte sich diesbezüglich als löchrig heraus. Nach vierzig und mehr Jahren fördern die biologischen Gegebenheiten die Aufklärung auch nicht.

Der melde sich, der etwas darüber weiß!

Was sonst noch so geschah

(– obwohl ich nicht dabei war.)

1974 WM-Lauf auf dem Nürburgring

Für den 27./28. April 1974 stand im WM-Kalender für Motorräder der Ring an. Im Freundeskreis wurde beraten, ob wir hinfahren sollten. Nach langen Diskussionen rangen wir uns zu einem *Nein* durch. Das Wetter schien zweifelhaft zu bleiben, sprich nass und kalt. Zudem wollten wir im Mai auf die Isle of Man und ich hatte erst mein neues Motorrad gekauft. Das Loch im Geldbeutel wäre zu groß geworden. Lieber nächstes Jahr.

Aus der Presse konnten wir später entnehmen, dass unser Entschluss weise war. Kurz, wir hatten Glück gehabt.

Zu den Fakten:

Am Nürburgring war es an den Renntagen kalt, morgens um den Gefrierpunkt.

Die Werksfahrer traten nicht an. Ein Boykott am Trainings- und Renntag waren neu, zumindest in diesem Ausmaß. Warum?

Die Streckenabsicherung war ihnen zu wenig und unsicher. Das Verhalten der Fahrer war aus damaliger Sicht ein Novum. Androhungen nicht anzutreten hatte es schon vorher gegeben, auch auf anderen Strecken. Aber zur Umsetzung war es noch nicht gekommen. Die Tourist Trophy auf der Isle of Man war als Reaktion bereits als Weltmeisterschaftslauf aus zukünftigen Kalendern gestrichen. Der Nürburgring noch nicht.

Den Veranstaltern in Deutschland konnte man vorwerfen, dass sie auf zu hohem Ross saßen und glaubten, die Fahrer gäben klein bei.

Giacomo Agostini fuhr am Donnerstag mit der Rennleitung um den Kurs, damals noch Nordschleife mit 22,8 Kilometer Länge. Auf dieser waren 3.200 Strohballen verteilt. Die beiden kamen überein, dass weitere 5.000 benötigt würden, um wenigstens die gefährlichsten Punkte halbwegs abzusichern. Zum Vergleich in Clermont-Ferrand (Frankreich, Streckenlänge 8 Kilometer) waren 20.000 Strohballen aufgestellt.[1]

Als die Rennleitung vor erneuter Kontrollfahrt Agostini und Dieter Braun erklären musste, dass nur 500 bis 600 zu bekommen seien, formulierten die Fahrer ein Schreiben:

Unter Berücksichtigung der Gefährlichkeit des Nürburgrings und aufgrund dessen, dass sich die Organisatoren, trotz wiederholter Proteste zahlreicher Fahrer, nicht bereit erklärten, auf der Gesamtlänge von 22,8 km (komplett von Leitplanken gesäumt) eine Mindestanzahl von Strohballen zu postieren, um eine gewisse Sicherheit der Fahrer zu gewährleisten, haben sich die unterzeichnenden Fahrer entschieden, auf einen Start beim Großen Preis von Deutschland, dem 2. Lauf zur Weltmeisterschaft 1974, zu verzichten.

Unterschrieben hatten alle Werksfahrer und offizielle Firmenvertreter der Motorradmarken. Die Firmen wiesen zudem darauf hin, dass die Veranstaltung gegen Artikel 22 des FIM-Sportgesetzes verstieße. Dieser besagte, dass Autos erst trainieren und starten dürfen, nachdem die Motorradrennen vorbei waren.

Damals war es teilweise noch üblich, dass Veranstalter Motorräder und Autos abwechselnd trainieren ließen. Die Autofahrer pochten auf das Entfernen der Strohballen, da sie eine Erhöhung der Gefahr sahen, denn sie erhöhten das Brandrisiko

---

[1] Zahlen aus Motorrad 10/74

und könnten die Fahrzeuge über die Leitplanken katapultieren. Die Motorradfahrer wiederum benötigten die Ballen als mögliche Knautschzone.

Bei diesem Hin und Her befürchteten die Veranstalter, dass die paar Privatfahrer, die nicht unterschrieben hatten, auch noch abspringen könnten. Die Rennleitung versuchte mit zusätzlichen Startgeldern Anreize zu schaffen, später versprach sie, das gesamte Startgeld der Streikenden an die Startenden zu verteilen.

In der 50ccm-Klasse starteten sieben Fahrer. Davon kamen vier ins Ziel.

Das Publikum war nicht begeistert. Es war zudem im Vorfeld nicht vom Boykott informiert worden.

Die Veranstalter wurden bestürmt. Man wollte sein Eintrittsgeld zurück. Wessen Eintrittskarte noch nicht abgerissen worden sei, der bekäme sein Geld.

Wie es dann wirklich endete, wissen wahrscheinlich nur die, die am Ring waren. Ich war Gott sei Dank nicht dort.

Der nächste Schritt in Richtung neue Rennstrecken war getan. Die alten, wie die Isle of Man[1] und der Nürburgring waren nicht mehr zeitgemäß;. Man konnte warten, dass auch die restlichen wie Rijeka auf Dauer keine Zukunft haben werden.

Die einen trauerten den alten Strecken nach, welche einen anderen Typ Fahrer erforderten, als die neuen es waren. Die Rennszene stand für alle sichtbar vor einem Scheideweg, der nur in eine Richtung führen konnte. Die Leistung der Motorräder war zu gefährlich für die alten Strecken geworden.

---

1 Dass keine international namhaften Solo-Fahrer 1974 auf der IoM antreten werden, stand schon fest. Nur Gespannfahrer traten annähernd vollzählig an.

Gerüchte, Wahres oder auch nicht

Meldung MotorCycle 8. Juni 1974 Titelseite

Flat-Four-Honda

Es wird behauptet, dass Honda heimliche Nachtfahrten auf seiner Arakawa-Teststrecke durchgeführt habe. Es handle sich um eine kardan-getriebene, wassergekühlte Vierzylinder mit liegenden Zylindern. Es wird angenommen, dass es zwei Versionen davon gibt, eine 750er und eine 1000er. Beide Motorräder haben neue Sicherheitsmerkmale: Tank unter dem Sitz, statt über dem Motor, Benzinversorgung per Benzinpumpe.

Schlusswort

So, ich hoffe, jetzt ist die Frage beantwortet, ob ich Motorrad fahre oder gefahren bin.

Wem aufgefallen ist, dass im Buch oft von Geschwindigkeit 160 km/h die Rede ist, dem sei gesagt. Wenn ich mit anderen unterwegs war, egal mit wem, fielen sie bei Fahrten mit höherem Tempo über einen längeren Zeitraum immer auf die 160 km/h zurück. Diese konnten die meisten ohne Verkleidung am Motorrad auf Dauer aushalten. Mit waren größerer Geschwindigkeiten kein Problem. Bei Gruppenfahrten pendelte sie sich als optimale Höchstgeschwindigkeit ein.

Ohne Verkleidung traten bei mir Nackenprobleme erst ab wesentlich über 200 km/h auf. Training? Veranlagung?

Der nächste Band der Reihe *Aus dem Zylinderchen geplaudert* mit dem Untertitel *Die BS motor-Zeit* handelt von dieser Firma. Nicht nur, was ich mit Suzuki, speziell der RV80 erlebt habe. Auch die Geschichte der Kreidler-Van-Veen ist ausführlich behandelt – oder Wissenswertes über Katanas – oder was der Geschäftsbetrieb und das Drumherum alles mit sich gebracht haben.

Im letzten Band *Harz-Biker-Oase* werde ich Fragen beantworten: Wie kommt ein Bayer in den Harz? – Was war früher auf dem Gelände?

Aber nicht nur das kommt zur Sprache, auch was ich speziell mit Behörden erlebt habe.

Ich bedanke mich bei meinen Lesern und wünsche für die kommenden Bände viel Spaß.

Bilder und Weiteres gibt es im Internet

www.zylinderchen.w-portal.de

Anhang

Isle of Man 1974 – Zeitplan der Rennen

Datum	Zeit	Rennen	Runden	Rennfarbe
Plan				
Sa. 1.6.74	15:30	Production TT (seriennahe)	4	rot
1.6.74	18:00	Sidecar 750ccm (Beiwagen)	3	gelb
Mo. 3.6.74	11:00	350ccm WM-Lauf	5	blau
3.6.74	ca. 14:30	Sidecar 500ccm WM-Lauf (Beiwagen)	3	schwarz
Mi. 5.6.74	11:00	250ccm WM-Lauf	4	grün
5.6.74	ca. 14:00	500ccm WM-Lauf	6	gelb
Fr. 7.6.74	11:00	125ccm (kein WM-Lauf)	3	schwarz
7.6.74	ca. 14:00	Open Formula 750 'Classic'	6	weiß
real				
Sa.		beide Rennen wegen des Wetters ausgefallen, auf Dienstag verschoben		
Mo. 3.6.74	11:00	350ccm WM-Lauf	5	blau
3.6.74	2:30	Sidecar 750ccm (Beiwagen)	3	gelb
Di. 4.6.74		Production TT (seriennahe)	4	rot
4.6.74		Sidecar 500ccm WM-Lauf (Beiwagen)	3	schwarz
Mi. 5.6.74	16:00	250ccm WM-Lauf, wegen schlechten Wetters verschoben von 11:00	4	grün
5.6.74		500ccm WM-Lauf	5 statt 6	gelb
Fr. 7.6.74		planmäßig, siehe oben		

Umrechnungen

1 Meile = 1,6093 km

1 km = 0,62 Miles

1 Gallone = 4,54609 Liter

Weitere Bücher der Reihe

Aus dem Zylinderchen geplaudert

Die BS motor-Zeit

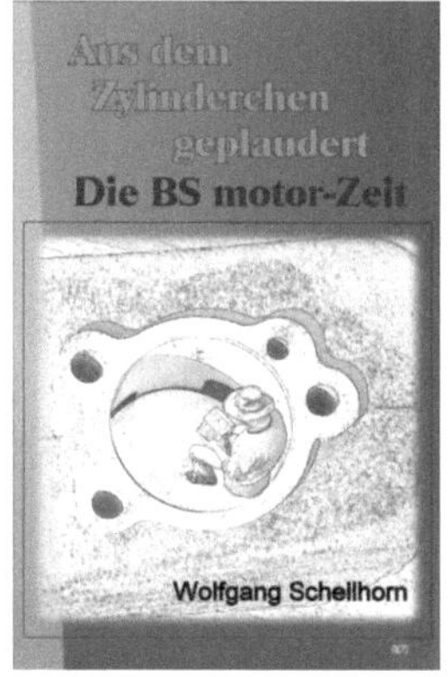

ISBN 978-3-944667-36-2

Harz-Biker-Oase

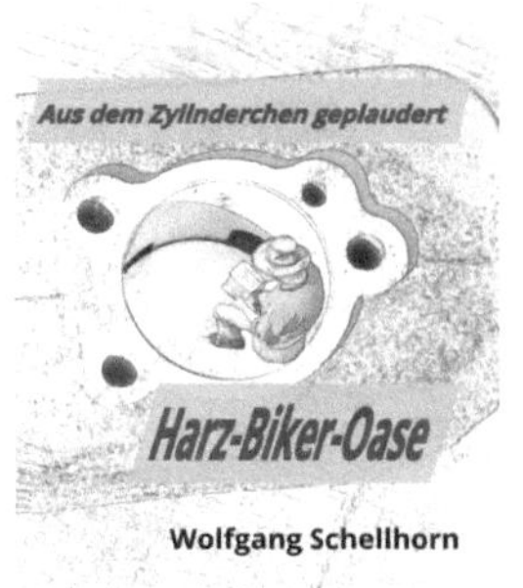

ISBN 978-3-944667-38-6

Verlag
www.bs-motor.de